Sven Rogge

Advanced Nitrox
&
Decompression Procedures

taucher verlag

Einbandgestaltung & Innengestaltung:
Stefan Sturm

Haftungsausschluss
Tauchen – insbesondere technisches Tauchen – birgt gewisse Gefahrenmomente, die im schlimmsten Falle sogar zum Tode führen können. Eine fundierte Ausbildung und mitunter jahrelanges Training kann durch kein Buch dieser Welt ersetzt werden.
Weder die Autoren noch der Verlag übernehmen die Verantwortung oder Haftung für Beschädigungen, Unfälle oder Todesfälle, die auf Grund von Informationen aus diesem Buch entstanden sein könnten.
Fehler können sich, auch bei der gründlichsten Arbeit, immer einschleichen. Unser Wissen ist in einem stetigen Fluss. Was heute ‚up to date' ist, kann bereits morgen veraltet sein. Viele Informationen beruhen auf den persönlichen Erfahrungen der Autoren und haben sich bei deren Tauchgängen hervorragend bewährt, eine Allgemeingültigkeit kann hiervon aber nicht abgeleitet werden.

ISBN 978-3-9811443-5-2

2. komplett überarbeitete Auflage 2010

Taucher Verlag
Siemensstr. 10
41363 Jüchen
Fon 0049(0)2164 / 950690
Fax 0049(0)2164 / 9506910
Mail info@dive2gether.net

www.dive2gether.net

Lektorat: **Heinz Jansen**
Druck und Bindung: **Graspo CZ** a.s., Zlín (Tschechische Republik)

Für Niels

Danksagung:

Folgenden Personen danke ich herzlich für ihre wertvolle Hilfe bei der Entstehung dieses Buches:

Horst Dederichs,Heinz Jansen,
Frank Olbert, Claudia Rogge, und Stefan Sturm.

Vorwort

Ich kann mich noch sehr genau daran erinnern, wie ich 1995 meine ersten Technischen Taucherlebnisse gemacht habe. Weil die Wracks und Steilwände an der irischen Küste immer mehr Taucher aus Deutschland magisch anzogen, schickte mich meine damalige Firma nach Irland um dort Kontakt zu einer lokalen Tauchbasis herzustellen. Zwar hatte ich als Tauchlehrer in Ägypten Erfahrung mit Tauchtiefen unter 40 Meter gemacht. Aus meiner heutigen Sicht hatte dies mehr mit jugendlichem Leichtsinn zu tun, als mit Technischem Tauchen.

Mit 800 Tauchgängen und der Unbekümmertheit der Jugend, hielt ich mich für den legitimen Erben von Jaques Cousteau, dem Niemand mehr was Neues zeigen konnte. Was für ein Irrtum! Tim Doyle und seine damaligen Bantry Bay Divers stellten meine kleine Sporttaucherwelt gehörig auf den Kopf. Plötzlich war alles anders. Penetration? Na klar. Die wirklichen Geheimnisse gibt es eben IN einem Wrack zu entdecken. Dekompression? Wie kann man denn einen Tauchgang mit vernünftiger Grundzeit ohne abschließende Dekompressionsstopps beenden!

Mischgase, Nitrox-Stages, Doppelgeräte, redundantes Equipment – auf einmal wurde mir klar, dass es neben der Taucherei wie ich sie damals betrieb, noch eine weitere, gänzlich andere Welt gab, von der ich überhaupt keine Ahnung hatte.

Dies galt übrigens auch für mein theoretisches Wissen. Pulmonale und neuronale Sauerstoffvergiftung? Nie gehört. Nitrox? Noch nie benutzt. PPo_2, OTU´s, MOD, END? Genauso gut hätte ich mich mit einem Physiker über Kernspaltung unterhalten können und wahrscheinlich genauso wenig verstanden. Allerdings war ich Tauchlehrer von Beruf und sollte eigentlich Ahnung von dieser Materie haben.

Neben allem Neuen war es auch die Vorgehensweise der irischen Taucher, die eine unglaubliche Faszination auf mich ausübte. Tauchgänge wurden im Vorfeld bis ins kleinste Detail geplant. Sicherheit stand immer im Vordergrund. Kommuniziert wurde prägnant und intensiv.

Damals eröffnete sich mir eine neue Welt, die mich in den letzten 15 Jahren mit unvergesslichen Taucherlebnissen belohnt hat. Bis heute ist die damalige Faszination ungebrochen.

Vieles hat sich in den letzten Jahren geändert. Technisches Tauchen ist sehr populär geworden. Taucher in aller Welt suchen das einzigartige Erlebnis und sind dafür bereit große Mühen und hohe Kosten auf sich zu nehmen.

Das vorliegende Manual ist ein ideales Hilfsmittel für den Einstieg in diese neue, unbekannte Welt. Den zukünftigen Technischen Tauchern wünsche ich allzeit sichere und unvergessliche Tauchgänge!

Horst Dederichs
Jüchen im Mai 2010

Einleitung

Willkommen zum Kombinationskurs Advanced Nitrox und Decompression Procedures. Diese Kurse setzen unsere Bemühungen fort, dir die nötigen Inhalte klar und deutlich zu vermitteln, und bauen auf den Inhalten des vorangegangenen Nitrox - Kurses auf.

Im TDI Nitrox - Kurs wurdest du mit den Hintergründen und der Benutzung von Atemgasen mit einem Sauerstoffanteil bis einschließlich 40 Prozent vertraut gemacht. Hier setzt der Advanced Nitrox und Dekompression Procedures - Kurs ein und vermittelt dem Taucher die nötigen Informationen, auch alle anderen Nitrox - Gemische verwenden zu können, bis hin zu reinem Sauerstoff.

Um den Umgang mit reinem Sauerstoff sicher zu gestalten, müssen sowohl auf der physiologischen, als auch auf der ausrüstungstechnischen Seite grundlegende Kenntnisse vorhanden sein.

Schon in deinem Nitrox-Kurs hast du gelernt, dass physikalische Gesetzmäßigkeiten eine bedeutende Rolle spielen. Somit beginnt auch dieses Manual, mit einem Physik Kapitel. Hierbei handelt es sich allerdings nicht um einfache Wiederholungen, vielmehr werden einzelne Aspekte, die für deine Kariere als Technischer Taucher unabdingbar sind, vertieft Anschließend beschäftigen wir uns ausführlich mit dem Thema ‚Dekompressionstauchen'. An diesem Punkt verlässt du endgültig den normalen Sporttauchbereich.

Dekompressionstauchgänge erfordern nicht nur spezielle Ausrüstung und eine intensive Vorbereitung, sondern auch ein hohes Maß an Disziplin und taucherischen Fertigkeiten. Eine exakte Tauchgangsplanung ist der Schlüssel zum Erfolg für sichere Tauchgänge jenseits klassischer Sporttauchtiefen. Hohe Nitroxgemische sind natürlich keine Tieftauchgase, sondern werden vielmehr als Dekompressionsgase eingesetzt. Von daher ist der TDI Advanced Nitrox / Decompression Procedure Kurs ein klassischer Einstiegskurs. Hier erlernst du, sowohl in der Theorie, als auch in der Praxis, alle Grundfertigkeiten, die du für das technische Tauchen benötigst. Deshalb findest du auch am Ende dieses Buches zwei Kapitel (Trimm und Übungen) die sich intensiv mit der Performance unter Wasser auseinandersetzen.

Delft im Mai 2010

Sven Rogge

Sven Rogge geboren 1970. Taucht seit 2000. Er ist Physiker, der an der Technischen Universität in Delft (Niederlande) forscht und lehrt. Sein Fachgebiet ist die Festkörperphysik mit Fokus auf Halbleiter Nanostrukturen. Sven Rogge ist ein enthusiastischer Wracktaucher und aktiver TDI Trimix Instructor, der schon an mehreren Tauchexpeditionen teilgenommen hat.

Physik

Fotograph: Peter Gärtner, Team Cavebase.

Kapitel 1

Physikalische Gesetzmäßigkeiten sind ein Kernpunkt beim Technischen Tauchen. Wir gebrauchen sie, meist unbewusst, bei jeder Tauchgangsplanung. Auch wenn diese Gesetze in der Theorie oft ‚trocken' übermittelt werden, kommen sie tagtäglich im Wasser zum Einsatz.

Technische Taucher müssen mit den physikalischen Grundlagen und deren Berechnungen vertraut sein und diese beherrschen. Auf die Hilfe anderer sollten sie nicht angewiesen sein. In diesem Kapitel wird das physikalische Hintergrundwissen vermittelt, so dass der Taucher danach in der Lage ist, sämtliche für den Tauchgang relevanten Daten zu berechnen.

1.01 Masseinheiten

Masseinheiten sind ein Kernstück der Wissenschaft. Es gibt verschiedene Systeme, von denen wir hier nur das wichtigste, das Internationale Einheitensystem, abgekürzt SI (von frz. Système international d'unités) beschreiben [Ref [1]]. Dieses Einheiten System wurde 1960 zum internationalen Standard erklärt und wird von den meisten Ländern der Welt gebraucht (siehe Infokasten ‚Imperiales System'). Traditionell werden seit 1875 die internationalen Standards für z.B. Länge und Gewicht zu Eichungszwecken in Paris gelagert. In Tabelle 1.1 sind die SI Basisgrössen und ihre Einheiten mit Definition und Abkürzung aufgelistet. Neben den Basisgrössen benötigen wir für die Tauchtheorie auch abgeleitete

Basisgrösse	Symbol	Einheit	Einheitenzeichen
Länge	l	Meter	m
Masse	m	Kilogramm	kg
Zeit	t	Sekunde	s
Stromstärke	I	Ampere	A
Temperatur	T	Kelvin	K
Stoffmenge	n	Mol	mol
Lichtstärke	I	Candela	cd

Tabelle 1.1:
Alle Basisgrössen des SI mit in Europa hier verwendeten Symbolen, Einheiten und Einheitenzeichen.

Grössen wie Kraft, Druck und Energie, die in Tabelle 1.2 aufgelistet sind.

Grösse	Einheit	Einheitenzeichen	Basiseinheit
Kraft	Newton	N	$m\ kg / s^2$
Druck	Pascal	Pa	N/m^2, $m^2\ kg\ s^{-2}$
Energie	Joule	J	$N\ m$, $m^2\ kg\ s^{-2}$
Celsius-Temperatur	Grad Celsius	°C	K

Tabelle 1.2:
Einige abgeleitete SI Grössen mit Einheit, Einheitenzeichen und der Basiseinheit.

Imperiales System

Eine Ausnahme bei der Akzeptanz der SI Einheiten sind die Vereinigten Staaten von Amerika. Ausserhalb der Wissenschaft werden dort noch die so genannten ‚Imperial Units' gebraucht. Da man diese Einheiten noch in der Amerikanischen Literatur und auf dortigen Tauchbasen findet, sind hier die wichtigen Umrechnungsfaktoren für das Tauchen aufgelistet:

Länge:	1 Inch = 2.54 cm
	1 Foot = 12 Inch
	1 Yard = 3 Feet
	1 Landmeile = 1609 m
	1 Seemeile = 1852 m
Geschwindigkeit:	1 Knoten = 1 Seemeile / Stunde = 1.852 km/h
Volumen:	1 Cubic Foot = 0.02832 m^3 = 28.32 l
Gewicht:	1 Pound = 453.6 g
Druck:	1 psi (pound per square inch) = 6895 Pa = 0.06895 bar

Temperatur wird bei den ‚Imperial Units' in Fahrenheit angegeben.
Dies kann leicht anhand dieser Formel umgerechnet werden :
$[°F] = [°C] \times 9/5 + 32$ oder $[°C] = ([°F] - 32) \times 5/9$
$[K] = ([°F] + 459.67) \times 5/9$ oder $[°F] = [K] \times 9/5 - 459.67$

1.02 Druck

Die Unterwasserwelt unterscheidet sich durch zwei Hauptfaktoren von unserer gewohnten (über Wasser) Welt: Wir sind von einem Medium umgeben das wir nicht atmen können und dieses Medium steht unter einem Druck, der nicht einem 1 bar entspricht. Ersteres Problem können wir relativ leicht umgehen, indem wir uns mit Atemgas versorgen. Das zweite Problem können wir nicht umgehen, wenn wir ohne U-Boot tauchen. Die Folgen für unseren Körper sind in anderen Kapiteln beschrieben. Druck ist definiert als Kraft pro Fläche wie in Tabelle 1.2 beschrieben. An der Wasseroberfläche auf Meereshöhe sind wir dem Druck der Luft um uns ausgesetzt. Dieser Druck ist hydrostatisch, d.h. er ist in alle Richtungen gleich. Sonst würde die Luft von der Region mit hohem Druck zur Region mit niedrigem Druck fliessen, siehe Abschnitt Transportprozesse. Der Luftdruck wird von der ‚Luftsäule', siehe Grafik 1.3, verursacht. Ungefähr 10 km Luft in der Atmosphäre lasten auf uns und üben pro m^2 eine Kraft von ca. 100 000 Newton aus, was dem Gewicht von 10 000 kg entspricht, also einem Druck von 100 000 Pascal oder 1 bar. Da der Luftdruck nicht konstant ist, wurden sogenannte Normalbedingungen definiert. Der atmosphärische Druck bei Normalbedingungen beträgt 1.01325 bar oder 1 Atmosphäre (1 atm). Der Druck auf einer grösseren Höhe ist niedriger, da eine kleinere Luftsäule auf uns lastet. Der Druck verringert sich mit ca. 0.1 bar pro 1000 Höhenmetern. Dies ist eine adäquate Beschreibung bis ca. 3000 m, d.h. auf 3000 m herrscht ein Druck von ca. 0.7 bar. Diese Druckerniedrigung muss berücksichtigt werden, wenn man in Bergseen taucht. Unterwasser lastet nicht nur die atmosphärische Luftsäule auf uns, sondern auch noch die Wassersäule. Da die Dichte von Wasser 1000 kg / m^3 beträgt, führt eine Wassersäule von 10 m zu einem Druck von ca. 1 bar (exakt 1 bar für Süsswasser und bis zu 4% mehr für Meerwasser durch den Salzgehalt). Die Druckzunahme ist linear mit der

Tiefe, d.h. pro 10 m Wassersäule zusätzlich 1 bar, da die Dichte von Wasser, im Gegensatz zu einem Gas wie Luft, beinahe Druck unabhängig ist. Der Absolute Druck, pT, auf einer bestimmten Tiefe wird also durch die Wassersäule plus den Luftdruck gegeben. Wir rechnen einfachheitshalber mit einem Luftdruck von 1 bar und einer Wasserdichte von 1000 kg/m^3. Wir können den absoluten Druck in einer Tiefe, d, wie folgt berechnen:

$$\mathbf{pT = 1\ bar + d / 10.}$$

Oder die Tiefe, d, bei einem bestimmten totalen Druck:

$$\mathbf{d = (pT - 1\ bar) \cdot 10.}$$

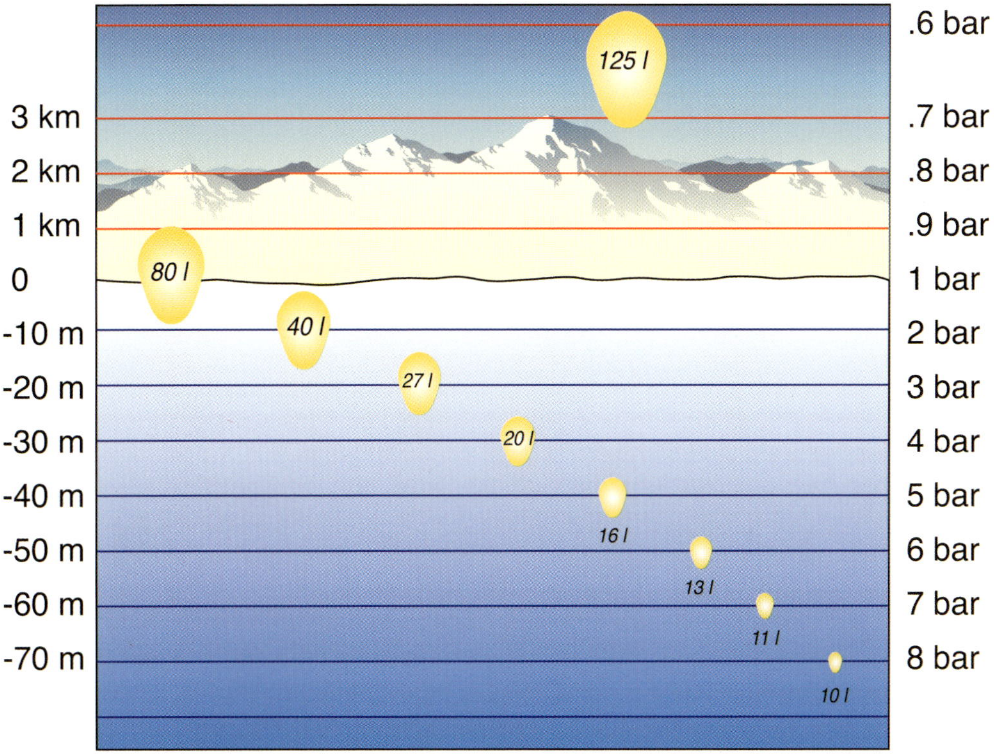

Grafik 1.3: Auf Meereshöhe lasten ca. 10 km Atmosphäre mit einem Druck von ca. 1 bar auf uns. Dieser Druck fällt mit zunehmender Höhe mit ca. 0.1 bar pro km ab. Ab 3 km ist dieser Abfall langsamer, da die Dichte der Luft abnimmt. Wasser ist nicht komprimierbar und so nimmt der Wasserdruck 1 bar pro 10 m Tiefe zu. Wenn wir einen Ballon auf Meereshöhe mit 80 l Luft füllen, nimmt sein Volumen unter Wasser ab, z.B. 40 l auf 10 m. In den Bergen ist der Druck niedriger und so expandiert der Ballon.

1.03 Das Ideale Gas

Beim Technischen Tauchen dreht sich alles darum, wieviel und welches Gas wir aufnehmen, ob ein Gas bei einer bestimmten Tiefe sicher zu atmen ist und wie wir das aufgenommene Gas wieder abgeben. In den folgenden Abschnitten werden wir die einzelnen Gesetzmässigkeiten besprechen, die es möglich machen, die Drücke von Gasen als Funktion von Tiefe, Gasanteil und Temperatur zu berechnen.
Die thermodynamischen Eigenschaften eines Gases lassen sich gut mit einem sehr einfachen Model beschreiben. Dieses Model wird ‚Ideales Gas' bezeichnet und geht davon aus, dass die Atome oder Moleküle, die ein Gas formen miteinander nicht interagieren, sich also nicht sehen. Das bedeutet, dass ein Gasatom nur den Behälter des Gases sieht, eine Eigenschaft, die von niedrigen Drücken bis zu ca. 200 bar für die meisten Gase akzeptabel ist. Eine detailliertere Beschreibung eines Gases wird z.B. durch das van der Waals-Modell erreicht (siehe Infokasten).
Das ideale Gasgesetz wurde unabhängig in einer vereinfachten Form von den beiden Physikern Boyle und Mariotte 1662 und 1672 erkannt [Ref.]. Bei konstanter Temperatur ist das Produkt von Druck und Volumen für eine bestimmte Menge Gas konstant, also für eine bestimmte Anzahl Atome:

$$\mathbf{p \cdot V = konstant \Rightarrow p_1 \cdot V_1 = p_2 \cdot V_2.}$$

Diese Gesetzmässigkeit kennen wir schon vom Open Water Kurs. Wenn ein Ballon an der Oberfläche, bei 1 bar, ein Volumen von 10 l hat, dann hat dieser Ballon auf 10m Tiefe, also bei 2 bar, ein Volumen von 5 l (siehe Grafik 1.3). Ein weiteres Beispiel dieser Gesetzmässigkeit wird beim Füllen von Flaschen oft gebraucht. Wenn wir z.B. für unsere Tauchgangsplanung 4800 l Gas nötig haben und wissen wollen, bis zu welchem Druck wir unsere D12 füllen müssen, kann man das wie folgt berechnen:

$$\mathbf{p_1=1\ bar,\ V_1 = 4800\ l,\ p_2=?,\ V_2=24\ l \Rightarrow p_2=p_1 \cdot V_1/V_2= 1\ bar\ 4800\ l\ /\ 24\ l = 200\ bar.}$$

Also müssen wir die D12 für ein Gasvolumen von 4800 l bei 1 bar auf 200 bar füllen. Es gilt zu beachten, dass die Einheiten korrekt gegeneinander wegfallen und wir das Ergebnis in bar finden. Dies bestätigt uns, dass wir die Formel korrekt umgestellt haben (Siehe auch Infokasten Archimedes / Hebesack).

Archimedes / Hebesack

Das Archimedische Gesetz sagt, dass ein Körper einen Auftrieb erfährt, der dem Gewicht der von ihm verdrängten Flüssigkeit entspricht. Dies bedeutet, dass ein Körper mit Volumen V und Dichtheit ϱ in Wasser eine Kraft entsprechend V · ϱWasser zur Oberfläche hin erfährt (wir werden hier nun ϱWasser = 1000 kg/m^3 gebrauchen). Dem entgegen wirkt die Schwerkraft entsprechend dem Gewicht von V · ϱ (siehe Grafik 1.4).

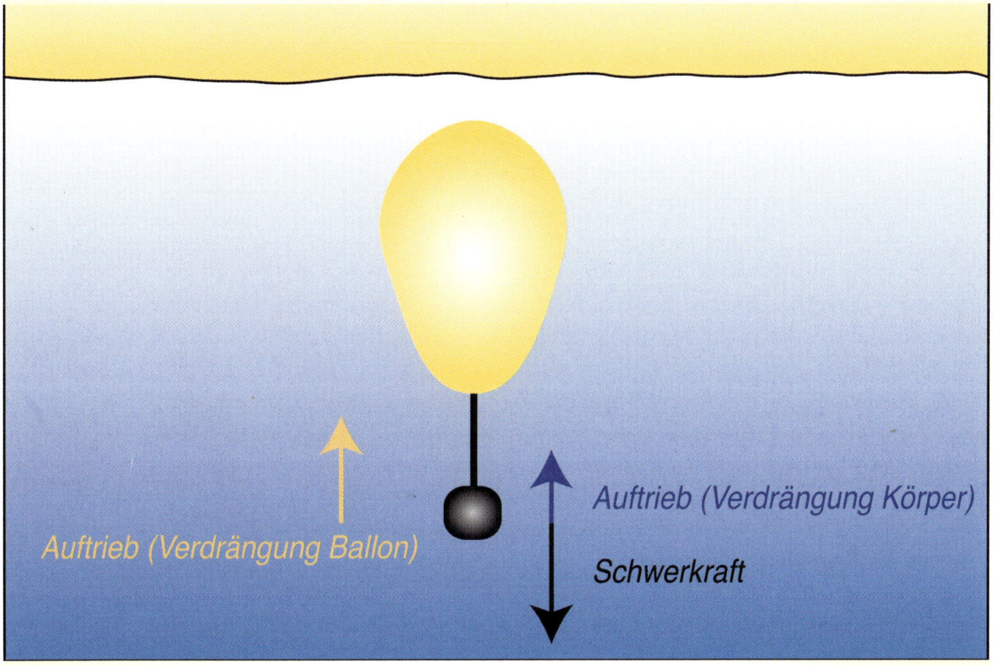

Grafik 1.4: Die gegeneinander gerichtet Auftriebs- und Schwerkraft eines Körpers in einer Flüssigkeit. Wir können ein versunkenes Objekt bergen, indem wir mit einem Hebesack extra Auftrieb generieren.

Gehen wir z.B. von einem 100 kg schweren Stück Blei aus, das wir bergen wollen. Die Dichte von Blei beträgt 11 340 kg/m^3 [Ref], was ein Volumen von 8.8 l ergibt und somit einen Auftrieb von 8.8 kg entspricht. Wir müssen extra einen Auftrieb für die Differenz von 91.2 kg aufbringen, das sind 91.2 l. Wir benötigen demgemäss einen Hebesack von minimal 91.2 l Volumen.

Wenn wir dieses Blei aus einer Tiefe von z.B. 40 m bergen wollen, können wir mit Hilfe der Boyle und Mariotte Gesetzmässigkeit ausrechen, dass wir 5 bar 91.2 l = 456 l Gas benötigen. In einem D12 Gerät sind diese 456 l / 24 l = 19 bar (bitte nicht ignorieren). Bei Bergungen aus grosser Tiefe wird ein nicht komprimierteres Medium gebraucht. Es kommt also kein Gas zum Einsatz, sondern Flüssigkeiten, die leichter sind als Wasser, z.B. Diesel. In diesem Fall muss der Abtrieb durch das Gewicht der Hebeflüssigkeit vom Auftrieb abgezogen werden, was zu sehr grossen Hebesäcken zwingt.

Für das ideale Gasgesetz in seiner vollständigen Form benötigen wir noch die Temperaturabhängigkeit, die vom Physiker Charles entdeckt wurde. Das ideale Gasgesetz sagt aus, dass das Druck p Volumen V Produkt proportional dem Produkt der Anzahl Atome n und der Absoluten Temperatur T ist:

$$\mathbf{p \cdot V = N \cdot kB \cdot T = n \cdot R \cdot T.}$$

Die Proportionalitätskonstante kB ist die Boltzmann-Konstante von 1.38 10^{-23} J/K, wobei N für die Anzahl Atome steht oder die Gaskonstante R = 8.312 J / mol K wobei n die Anzahl Mol angibt [R = NA · k mit NA = 6.022 · 10^{-23} mol^{-1}]. Die hier gebrauchte Temperatur ist die absolute Temperatur. Im täglichen Leben gebrauchen wir die Einheit Celsius, die an Wasser gebunden ist. Bei 1 atm friert Wasser bei 0° C und kocht bei 100° C. Es ist verständlich, dass ein Gasgesetz nicht einfach in ‚Wasser Temperatur' darzustellen ist. Die vorher genannte absolute Temperatur ist 0, wenn keine thermische Energie mehr besteht. Diese 0 K entsprechen -273.15° C und 20° C entsprechen 293.15 K.
Wir erleben Charles Gesetzmässigkeit beim Füllen von Flaschen. Wenn man eine Flasche schnell füllt, kann sie über 50° C warm werden. Wenn wir also 200 bar bei 50° C haben, welchen Druck erwarten wir dann bei 20° C? Da das Volumen der Flasche und die Menge des Gases (die Anzahl der Atome) gleich bleiben, können wir das ideale Gasgesetz wie folgt schreiben:

$$\mathbf{p_1 / T_1 = p_2 / T_2 \Rightarrow p_2 = p_1 \cdot T_2 / T_1 = 200\ bar \cdot 293\ K / 343\ K = 171\ bar}$$

Der Druck fällt also von 200 bar auf 171 bar zurück.

1.04 Partialdruck

Beim Tauchen atmen wir fast immer ein Gasgemisch. Die einzige Ausnahme ist der Gebrauch von reinem Sauerstoff bei der 6 m Dekompressionsstufe. Wie verhalten sich also Gasgemische? Die Antwort wurde von Dalton 1805 gegeben. In einem Gasgemisch setzt sich der totale Druck, pT, aus der Summe der einzelnen Partialdrücke der Gase in dem Gemisch zusammen:

$$\mathbf{pT = p_1 + p_2 + p_3 + p_4 \ldots + pn}$$

wobei p_1, p_2, p_3, ..., pn die Partialdrücke der einzelnen Gase sind. Des Weiteren ist der Partialdruck eines Gases durch den Anteil (Anzahl der Atome des Gases / Anzahl aller Atome) dieses Gases im Gemisch gegeben:

$$\mathbf{pn = fn \cdot pT}$$

wobei fn der Anteil des Gases n in Gemisch ist. Hier gilt, dass die Summe aller Anteile 1 ist. Also bei 1 bar haben wir in Luft mit fO_2 = 0.21 und fN_2 = 0.79 (siehe ‚Gase beim Technischen Tauchen') dann:

$$\mathbf{pO_2 = 0.21\ bar\ und\ pN_2 = 0.79\ bar}$$
$$\mathbf{pO_2 + pN_2 = 0.21\ bar + 0.79\ bar = 1\ bar}$$

$$fO_2 + fN_2 = 0.21 + 0.79 = 1.$$

Ein EAN32, also ein Nitrox Gemisch mit 32% O_2 und 68% N_2, hat auf 30 m (pT = 4 bar) die folgenden Partialdrücke:

$$pO_2 = pT\ fO_2 = 4\text{ bar } 0.32 = 1.18\text{ bar}$$
$$pN_2 = pT\ fN_2 = 4\text{ bar } 0.68 = 2.71\text{ bar.}$$

Wir gebrauchen diese Gesetzmässigkeit, um die ‚Maximum Operation Depth' MOD eines Atemgases zu berechnen. Wie im Kapitel Sauerstoff Toxizität besprochen, wird die MOD durch einen Partialdruck des Sauerstoffs von 1.6 bar gegeben. Die MOD eines Gemisches mit 50 % O_2 ergibt sich durch:

$$pO_2 = pT \cdot fO_2 \text{ -> } pT = pO_2 / fO_2 = 1.6\text{ bar} / 0.5 = 3.2\text{ bar.}$$

Der absolute Druck bei 1.6 bar partialem Sauerstoff Druck ist also 3.2 bar, was 22 m entspricht. Da wir unsere Stopps in 3 m Schritten machen, wird bei 21 m auf das 50 % O_2 Gas gewechselt. Wir können die MOD Berechnung für ein Gas mit fO_2 auch in eine Formel fassen:

$$MOD = (1.6\text{ bar} / fO_2 - 1\text{ bar}) \cdot 10\text{ m.}$$

Für das Boden Gemisch spricht man oft vom ‚Best Mix', das ist das Atem Gemisch mit dem gewünschten maximalen pO_2 und pN_2 wobei der Rest des Gemisches aus He besteht. Gemische mit drei Gaskomponenten werden Trimix genannt. Der Heliumanteil wird benötigt um die narkotischen Wirkungen von Stickstoff zu eliminieren. Der richtige Umgang mit Gemischen dieser Art wird im TDI Trimix Kurs gelehrt.

Oft wird die äquivalente Luft Tiefe (Equivalent Air Depth, EAD) gebraucht um die Stickstoffaufnahme eines Gases mit Luft zu vergleichen. Dies macht es möglich einen Nitrox Tauchgang mit Lufttabellen zu berechnen die auf der Stickstoffaufnahme basieren. Hierbei berechnen wir für eine bestimmte Tauch-Tiefe und Gemisch was die äquivalente Luft Tiefe ist um den gleichen pN_2 zu erreichen. Bei welcher Tiefe hat Luft einen pN_2 von 2.1 bar? Wir rechnen pT für $pN_2 = 2.1$ bar mit $fN_2 = 0.79$ aus:

$$pN_2 = pT \cdot fN_2 \text{ -> } pT = pN_2 / fN_2 = 2.1\text{ bar} / 0.79 = 2.66\text{ bar,}$$

also eine Tiefe von 16.6 m. Wir können die EAD für eine Tiefe d mit einem Stickstoffanteil fN_2 auch in einer Formel schreiben:

$$EAD = [(d/10\text{ m} + 1) \cdot fN_2 / 0.79 - 1] \cdot 10\text{ m.}$$

Kurze Biographien der Wissenschaftler

Archimedes (287 - 212 v. Chr.) war ein griechischer Mathematiker, Physiker und Ingenieur und gilt als einer der bedeutendsten Mathematiker der Antike.

Edme Mariotte Seigneur de Chazeuil (1620 - 1684) war ein französischer Physiker und arbeitete an Problemen von Flüssigkeiten und Gasen. Er entdeckte den blinden Fleck im menschlichen Auge und interessierte sich für die Erdatmosphäre.

Robert Boyle (1627 - 1691) war ein irischer Naturforscher und Mitbegründer des modernen Elementbegriffs der modernen Physik und Chemie.

Jacques Alexandre César Charles (1746 - 1823) war ein französischer Physiker, der sich mit Thermodynamik und Elektrizität beschäftigte.

John Dalton (1766 - 1844) war ein englischer Wissenschaftler, der wegen seines Beitrages zur Atomtheorie als einer der Wegbereiter der Chemie gilt.

William Henry (1775 - 1836) war ein englischer Arzt, der seine Zeit der chemischen Forschung widmete. Er erforschte experimentell das Verhalten von Gasen und deren Absorption in Wasser unter Einfluss verschiedener Drücke und Temperaturen.

1.05 Gleichgewicht

Das Gleichgewicht ist ein wichtiger Zustand in der Physik. Im Gleichgewicht ist ein System in energetisch niedrigstem Zustand und es finden netto keine Transportprozesse statt, d.h. jeglicher Energie- oder Materie-Transport wird durch einen Transportprozess in die Gegenrichtung kompensiert. Henry untersuchte zu Beginn des 19. Jahrhunderts den Gleichgewichtszustand einer Flüssigkeit im Kontakt mit Gas. Er fand heraus, dass die Menge eines Gases, die in der Flüssigkeit aufgenommen wird, proportional zum Partialdruck dieses Gases ist. Im Gleichgewicht diffundiert die gleiche Menge Gas in die Flüssigkeit, wie sie heraus diffundiert (siehe Infokasten Transportprozesse). Wird der Partialdruck in der Gasphase erniedrigt, tritt mehr Gas aus der Flüssigkeit aus, als hinein diffundiert. Wir haben also einen Nettotransport von Gas über die Grenzfläche. Der Gastransport hängt vom Gas, der Flüssigkeit, der Temperatur und dem Partialdruckunterschied ab.

Beim Tauchen sind wir starken Druckveränderungen ausgesetzt, d.h. die Aufnahme und Abgabe von Gasen sind das Kernstück der Dekompressionstheorie. Ein Beispiel für (De)Kompression ausserhalb des Tauchens, ist die Soda-Siphonflasche, die in keiner guten Bar fehlen darf. Bei der Siphonflasche wird Kohlenstoffdioxid (siehe Selektion ‚Gase im Technischen Tauchen') in Wasser gelöst und durch den Partialdruck von CO_2 in der Gasphase mit einer Druckpatrone auf ca. 1.5 bar erhöht.
Wird jedoch der Partialdruck des CO_2 erniedrigt und Flüssigkeit aus der Flasche in ein Glas gespritzt (pT = 1 bar) tritt das CO_2 aus der Flüssigkeit aus. Da dies sehr schnell passiert, treten Blasen auf (siehe Infokasten Blasenbildung). Genau das wollen wir beim Tauchen vermeiden. Beim Tauchen verändern wir den Umgebungsdruck sehr stark und nehmen

somit Gase auf, die wir langsam, d.h. mit minimaler Blasenbildung, wieder abgeben müssen. Um Blasenbildung zu vermeiden, darf der Druckgradient zwischen der Flüssigkeit und der Gasphase nicht zu gross sein (siehe Kapitel ‚Dekompressionstheorie').

1.06 Gase beim Technischen Tauchen

In dieser Sektion besprechen wir die Eigenschaften der verschieden Gase die im Tauchen vorkommen. Ausser den zwei meist bekannten Gasen der Luft und des Nitrox, Sauerstoff und Stickstoff, werden wir noch Argon, Kohlenstoffdioxid und Kohlenstoffmonoxid erläutern. [Ref [4]].

Sauerstoff

Das chemische Symbol für das Atom Sauerstoff ist O. In der Gasphase binden sich zwei O Atome zu einem Molekül O_2. Sauerstoff ist in Gasform geruch- und farblos und kondensiert bei 90 K zu flüssigem Sauerstoff. Sauerstoff ist sehr reaktiv. Bei einer Verbrennung von z.B. Kohlenstoff wird Energie frei. Dies ist die Basis unserer Atmung und unseres Metabolismus:

$$\mathbf{C + O_2 \rightarrow CO_2 + 393.5\ kJ/mol.}$$

Sauerstoff selbst ist nicht brennbar. Materialien wie Kohlenstoff oder Metall oxidieren in einer Sauerstoff Umgebung und verbrennen. Bei hohem Sauerstoffpartialdruck kann eine solche Verbrennung so heftig sein, dass sie wie eine Explosion wirkt. Das erklärt die strickten Sicherheitsregeln beim Gebrauch von Sauerstoff.

Die Dichte von Sauerstoff ist 1.429 kg/m^3 (unter Normalbedingungen). Damit gehört es zum schwersten Gas, das wir beim Technischen Tauchen atmen. Sauerstoff ist lebenswichtig. Wir benötigen einen minimalen pO_2 von 0.16 bar, um ausreichend versorgt zu sein. Vorsicht: Der Wert von 0.16 bar ist ein Grenzwert ohne körperliche Anstrengung und nicht auf jeden übertragbar. Wie im Kapitel ‚Sauerstoff-Toxizität' beschrieben, ist eine zu hohe Dosis Sauerstoff giftig.

Stickstoff

Stickstoff wird mit dem chemischen Symbol N bezeichnet und wie Sauerstoff wird das Gas durch ein Molekül geformt, N_2. Stickstoff ist farb- und geruchlos, aber im Gegensatz zu Sauerstoff für unseren Körper inert, d.h. er geht keine chemischen Bindungen im Körper ein. Der Siedepunkt von Stickstoff liegt bei 77 K und die Dichte beträgt 1.25 kg/m^3 und ist somit etwas leichter als O_2.

Obwohl Stickstoff keine Bindung im Körper eingeht, hat er doch unter Druck einen Einfluss auf unseren Körper. Stickstoff ist narkotisch und normalerweise wird ein pN_2 von 3.3 bar als maximaler Partialdruck angeschaut, wie im Kapitel ‚Tauchgangsplanung' besprochen.

Wie schon erwähnt, besteht Luft aus 20.9% O_2, 78% N_2 und 1% Restgasen. Stickstoff erhielt seinen Namen durch die Tatsache, dass ein höherer N_2 Anteil in der Luft Verbrennungen erstickt.

Argon

Ein Edelgas, das wir beim Technischen Tauchen gebrauchen, ist Argon. Argon hat das Symbol Ar und ist farb- und geruchlos. Da es ein Edelgas ist, besteht es aus Atomen. Der Siedepunkt liegt bei 87 K und die Dichte beträgt 1.784 kg/m^3. Argon ist also ein schweres Gas. Es ist für uns interessant, weil schwere Gase schlecht Wärme leiten und deshalb thermisch isolieren. Wir gebrauchen Ar im Trockenanzug. Schwerere Gase wie Krypton oder Xenon wären noch geeigneter. Sie sind aber viel teurer, da sie nicht in so grossen Mengen wie Ar vorkommen. Wir finden etwas weniger als 1 % Ar in der Luft. Es ist das am meisten kommerziell gebrauchte Edelgas, z.B. für Schweissarbeiten.

Wie alle anderen Inertgase geht Argon keine Bindung im Körper ein, ist aber schwer narkotisch.

Kohlenstoffdioxyd

Kohlenstoffdioxyd, CO_2, ist das Endprodukt der vollständigen Verbrennung von Kohlenstoff, wie im Absatz ‚Sauerstoff' besprochen. Wir nehmen also O_2 auf und verbrennen den C im Körper zu CO_2. Kohlenstoffdioxyd in Gasform ist farb- und geruchlos mit einem Kondensationspunkt von 194.64 K oder -78.5° C und einer Dichte von 1.977 kg/m^3. Bei 1 bar besteht keine Gasphase, CO_2 sublimiert direkt von Trockeneis. Wir kennen CO_2 im täglichen Leben als Trockeneis und vor allem als Kohlensäure in Getränken

Kohlenstoffdioxyd löst sich sehr gut in Wasser. Diese Kohlensäure kennen wir in Soda, Bier oder anderen Getränken. Der maximal akzeptable Partialdruck von CO_2 ist 0.03 bar, was im Kontext zu Kreislaufgeräten wichtig ist. Eine Kohlenstoffdioxyd Vergiftung führt zu Symptomen wie starke Kopfschmerzen oder temporären Lähmungen, welche unter Wasser tödliche Folgen haben kann.

Kohlenstoffmonoxyd

Kohlenstoffmonoxyd, CO, tritt bei partieller Verbrennung von C auf. Kohlenstoffmonoxyd ist farb- und geruchlos wie CO_2. Im Gegensatz zu CO_2 ist CO schon bei einem Partialdruck von 0.0002 bar gefährlich für unseren Körper, da es sich 250 mal stärker an das Hämoglobin im Blut bindet. Damit ist die Sauerstoffversorgung im Körper ernsthaft gefährdet, da sich kein O_2 mehr an das Hämoglobin binden kann und der O_2 nur noch im Blutplasma transportiert wird, was unter Normalbedingungen (1 bar) nicht ausreichend ist. Schlechte Verbrennung, z.B. in einem Zimmerofen, führt zu ‚leichten' Symptomen wie Kopfschmerzen. Höhere Dosen führen zu Bewusstlosigkeit und zum Tod. Beim Tauchen kann CO durch z.B. Ansaugen von Abluft eines Kompressors oder Teilverbrennung von Fettverunreinigungen beim Blenden entstehen. Der Siedepunkt von CO liegt bei 82 K und die Dichte ist 1.251 kg/m^3.

SDI TDI

PETER

Blasenbildung

Beim Tauchen müssen wir die Blasenbildung im Körper in der Auftauchphase kontrollieren. Blasen bilden sich bei einem Phasenübergang eines Stoffes, z.B. beim Kochen von Wasser – also der Übergang von Flüssigem in die Gasphase. Der Gefrierpunkt von Wasser liegt bei 0° C. Wenn wir jedoch ein sauberes Glas mit Wasser auf -10° C abkühlen, haben wir immer noch eine Flüssigkeit die erst nach einiger Zeit gefriert. Diese Flüssigkeit ist unterkühlt und der Übergang in den festen Zustand tritt langsam durch Kristallkeime ein oder an Nukleationspunkten wie Staub auf. Ersteres ist die homogene Nukleation im Material, letzteres die heterogene Nukleation an Grenzflächen. Natürlich kann man Wasser auch überhitzen, was wir in jedem Handbuch eines Mikrowellenofens lesen können. Wenn man Wasser in der Mikrowelle erwärmt, wird es überhitzt, d.h. > 100° C, bis schlagartig eine grosse Blase auftritt und die Flüssigkeit dann stark kocht. Dies kann vermieden werden durch einen Nukleationskeim, fügt man z.B. einen Stab hinzu, wird die heterogene Nukleation eingeleitet. Illustrativ ist das Foto eines Fingers in Mineralwasser (siehe Bild 4.9), wo viele CO_2 Blasen am Nukleationspunkt zu sehen sind.

Wann bilden sich Blasen in einer Flüssigkeit? Im überhitzen Zustand, d.h. wenn der Gas-Partialdruck in der Flüssigkeit grösser ist als in der Gasphase, können sich Blasen bilden, wenn deren kritischer Radius überschritten wird. Eine Blase wird gebildet, um die Energie des Systems zu erniedrigen, dies ist proportional zum Volumen der Blase (also proportional Radius^3). Dem entgegen wirkt die Energie der Grenzfläche zwischen der Blase und der Flüssigkeit (proportional Radius^2). Wird dieser kritische Radius in der spontanen (homogen) Nukleation überschritten, wächst die Blase mit jedem Gas-Molekül, das aus der Flüssigkeit in die Blase eintreten kann (kinetische Limitierung). Ist der Radius kleiner als der kritische Radius, dann kollabiert die Blase wieder. Wenn sich zwei Blasen treffen, werden sie eine grosse Blase formen, da diese eine niedrigere Energie hat. Bei niegrigen Konzentrationen von Blasen kommt es seltener vor, dass zwei kleinere Blasen eine grosse bilden, da es unwahrscheinlich ist, dass sie sich treffen. Bei der heterogenen Nukleation ist Teil der Blasen Grenzfläche der Fremdkörper (Nukleationskeim). Wenn die Oberflächenenergie dieser Grenzfläche kleiner ist als die Blasen/Flüssigkeits Grenzfläche, dann tritt heterogene Nukleation auf.

Ref

1) BIPM: The International System of Units (The so-called SI Brochure), 8th edition 2006, online: http://www.bipm.org/en/si/si_brochure/general.html.

) P.W. Atkins, Physical Chemesty, Freeman, 1990

3) C. Kittel, Introduction to Solid State Physics, Wiley, 1986

4) CRC Handbook of Chemistry and physics, CRC Press, 2006

bonex
Explorationssysteme
Made in Germany
Der Alleskönner
REFERENCE Scooter
Gewicht: 18kg
Laufzeit: bis 200 min

Kompakt

Leistungsstark

Zuverlässig

Physiologie

Kapitel 2

Im Laufe der Jahrtausende hat sich der menschliche Organismus an die normobare Atmosphäre auf der Erde gewöhnt. Biochemische Prozesse, die im Körper ablaufen, sind dem vorherrschenden Sauerstoffpartialdruck angepasst. Abweichende Sauerstoffpartialdrücke können einen zerstörerischen Effekt auf viele der normalen biochemischen und biophysikalischen Prozesse haben.

2.01 Sauerstoff

Sauerstoff umfasst 20.95 % des Volumens der Atemluft. In Gasform ist es farb-, geruch- und geschmacklos. Es hat eine Dichte von 1.429 Gramm pro Liter, bei 0° C und 760 mmHg. Sauerstoff ist ein zweiatomiges Molekül, das bei -218.4° C schmilzt und bei -183° C kocht. In flüssiger und fester Form hat es eine hellblaue Farbe und paramagnetische Eigenschaften.
Der schwedische Chemiker Karl Wilhelm Scheele gilt als Entdecker des Sauerstoffs, obwohl er seine Erkenntnisse erst zwei Jahre nach Joseph Priestley veröffentlichte. Doch beiden Wissenschaftlern gelang es nicht, die Rolle des Sauerstoffs für den menschlichen Organismus zu erklären. Dies gelang erst Lavosier, der dem Sauerstoff auch seinen Namen gab und dessen Bedeutung für den menschlichen Organismus korrekt beschrieb. Die Arbeiten von Paul Bert, John Scott Haldane und James Lorrain Smith schafften die Grundlage für die moderne Forschung bei den hyperbaren Auswirkungen von Sauerstoff.
Nach einer bestimmten Einwirkzeit unter einem erhöhten Sauerstoffpartialdruck kommt es zur Störung oder Zertrümmerung normaler Zellfunktionen. Diese Auswirkung hoher Sauerstoffpartialdrücke auf das Zentrale Nervensystem, nennt man neuronale Sauerstoffvergiftung oder den Paul Bert Effekt. Auch bekannt als ZNS-Sauerstoff-Toxizität. Die Einwirkungen auf das Zentrale Nervensystem sind gefährlich und müssen bei jeder Tauchgangsplanung berücksichtigt werden (siehe Kapitel Tauchgangsplanung).

Bei einer Belastung des Lungenbereichs spricht man von pulmonaler Sauerstoffvergiftung oder dem Lorrain Smith Effekt. Die pulmonale Sauerstofftoxizität tritt erst nach langen Einwirkzeiten auf. In den frühen Tagen des Technischen Tauchens hielt man diesen Effekt für vernachlässigenswert. Dies wird heutzutage kritischer gesehen und zumindest bei langen Tauchgängen oder Tauchexpeditionen über mehrere Tage sollte auch die pulmonale Sauerstoffbelastung berücksichtigt werden. Darüber hinaus gilt es zu bedenken, dass durch die Reizung der Lungenbläschen ein Anschwellen hervorgerufen wird, welches den Gasaustausch behindert. Dies behindert eine effiziente Dekompression und ist einer der Gründe für einen immer weiter sinkenden PPO_2 bei den Tieftauchgasen. (1.2 oder sogar 1.0 bar).

vor 15 Jahren hat NRC diese Auswirkung nur in Zusammenhang bei Berufstauchern bemerkt

Eine neuronale Sauerstoffvergiftung trifft den Taucher meist ohne Vorwarnung mit folgenden Symptomen: eingeschränktes Sehvermögen, Übelkeit, Schwindel, Reizbarkeit, Zuckungen und Benommenheit. Die Symptome an sich sind für den Taucher zunächst ohne ernsthafte Folgen, wird der Sauerstoffdruck jedoch nicht unmittelbar reduziert, kann es zu Krämpfen oder krampfartigen Anfällen kommen. An Land ist ein Sauerstoffkrampf eher unproblematisch, unter Wasser besteht ein virulentes Risiko zu ertrinken.

Messungen der Hirnströme (Elektroencephalogramm, EEG) haben keine Veränderungen gezeigt, die ein Auftreten von Krämpfen angekündigt hätten. Einen Sauerstoffkrampf zu verhindern, ist nur mit präventiven Maßnahmen möglich.
Das gehört in den Bereich der Tauchgangsplanung. Im entsprechenden Kapitel wird eine Tabelle vorgestellt, mit der sowohl die pulmonale als auch die neuronale Belastung durch den Sauerstoff berechnet werden kann.
Sauerstoff wirkt wie ein Medikament oder eine Droge. Je höher die Konzentration und je länger die Einwirkzeit, desto stärker ist die Belastung. Beim Tauchen ist die Dosis abhängig vom absoluten Druck und dem verwendeten Gas. Die Tabelle macht keine Angaben zu Sauerstoffpartialdrücken jenseits von 1.6 bar. Dieser Wert ist als absoluter Maximaldruck für Dekompressionsgase zu verstehen, den es während des Tauchgangs zu vermeiden gilt. Auch bei der Sauerstoffverträglichkeit gilt es zu bedenken, dass Belastungsgrenzen für Menschen sehr unterschiedlich sind und äußerliche Belastungen (Kälte, Hitze, Anstrengungen) Einfluss auf die Verträglichkeit haben.

2.02 Das Atmungssystem

Das menschliche Atmungssystem besteht aus äußeren und inneren Bereichen. Die innere Atmung geschieht in den Mitochondrien (auf Zellniveau). Hier wird durch den Sauerstoff die ‚Nahrung' metabolisiert, dadurch entstehen Energieketten, Wasser und Kohlendioxyd.
Der externe Teil besteht aus dem Mund und der Luftröhre, die sich in zwei Bronchien verzweigt, die sich wiederum etwa 20–24 mal in 1-8 Millionen Röhrchen unterteilen. An den Enden dieser Röhrchen befinden sich Ansammlungen von kleinen Säckchen, den Alveolen, durch die der Gasaustausch zwischen Lunge und Blut stattfindet. Die Alveolen sind sehr klein, kommen aber in großer Anzahl vor (ca. 300 Millionen). Aufgrund der großen Anzahl bedecken die Alveolen eine Fläche von ca. 70 Quadratmetern. Ein durchschnittlicher Mensch atmet in Ruhe ungefähr 6–7.5 Liter pro Minute und das Herz pumpt 4–5.5 Liter Blut pro Minute. Unter Anstrengung kann der Minutenwert jedoch auf bis zu 100 Liter ansteigen und das Herz pumpt dann die 5–6fache Menge.

Die Alveolen befinden sich in unmittelbarem Kontakt zum Kreislaufsystem. Die Dicke des Alveolensacks, der Luft und Blut voneinander trennt, entspricht etwa einem Mikron (1 Mikron = 1/1000 mm). Das Blut wird durch den Körper transportiert, um alle Zellen mit Sauerstoff und Nährstoffen zu versorgen und damit alle Funktionen der Zellen aufrechtzuerhalten. Das sauerstoffarme Blut gelangt in die rechte Herzkammer und wird von dort zu den linken und rechten Arterien der Lungen gepumpt. Diese Arterien führen das Blut der linken und der rechten Lunge zu, welche sich zu den Kapillaren verzweigen, in denen dann der Gasaustausch stattfindet. Das Blut besteht aus einer Reihe von Komponenten, wovon das Hämoglobin den Sauerstoff und das Kohlendioxyd transportiert. Die Sauerstoffmoleküle passieren die Membrane der Alveolen per Diffusion von außen nach innen, während Kohlendioxyd, ein ‚Abfallprodukt' des Metabolismus, sich in die entgegengesetzte Richtung bewegt, um über die Lunge abgeatmet zu werden.
Tatsächlich ist der Transport von Kohlendioxyd komplizierter als lediglich die Anbindung an das Hämoglobin und beinhaltet eine Menge biochemischer Veränderungen. Nur etwa 5 % des Kohlendioxyds werden über das Blut transportiert und weitere 5 % in physikalischer Lösung, entsprechend dem Henryschen Gasgesetz. Die Mehrzahl des Kohlendioxyds wird in Form von HCO_3-Ionen transportiert.

Kleiner Kreislauf

Der Sauerstoff, der ins Blut diffundiert, wird an das Hämoglobin gebunden. Er gelangt über die Venen des linken und rechten Lungenflügels zur linken Herzkammer. Von der linken Herzkammer wird das Blut in die großen Körperarterien gepumpt, die sich über Arteriolen in Kapillaren verzweigen und über den ganzen Körper verteilt sind. Der Sauerstoff wird aus Körperbereichen mit hohem Druck in Bereiche mit niedrigerem Druck transportiert, bis er die Mitochondrien erreicht und bei der Zellatmung verbraucht wird. Das dabei entstehende Abfallprodukt Kohlendioxyd wird durch das Blut abtransportiert und kehrt über die Venen zur rechten Herzkammer zurück. Dann beginnt der Prozess von neuem.

großer Kreislauf

Der Sauerstoffdruck, der schließlich die Mitochondrien erreicht, ist im Normalfall geringer als der Sauerstoffdruck in der Atemluft. Taucher benutzen für die Einheit Druck ‚Atmosphären', medizinische Literatur benutzt als Einheit für den Druck ‚Millimeter Quecksilber', mmHg. Der atmosphärische Standarddruck ist 760 mmHg, also beträgt bei einem Anteil Sauerstoff von 20.95 % der Sauerstoffdruck 159.22 mmHg.
Bei normalen Menschen in Ruhe, gelangt die Luft mit einem Sauerstoffdruck von 159 mmHg in den Mund. Zusammen mit Wasserdampf aus der Luftröhre reduziert sich dieser Wert auf 149 mmHg. Von dort aus verringert sich der Sauerstoffdruck im alveolaren Gas auf etwa 100 mmHg, im pulmonalen venösen Blut auf etwa 96mmHg und im arteriellen Blut auf etwa 92 mmHg, dem der R/L-Shunt folgt. Der Sauerstoffdruck beträgt in dem Moment, in dem die Mitochondrien erreicht werden, nur noch etwa 1-3 mmHg. Das zurückkehrende venöse Blut hat einen Sauerstoffdruck von etwa 40 mmHg.
Der Körper kontrolliert die Gasspannung des Sauerstoffs in den Geweben und hält ihn durch eine Vielzahl von Puffermechanismen und der Hämoglobin/Sauerstoff-Trennungskurve in einem sicheren Bereich von 20–60 mmHg. Normalerweise ist fast kein Sauerstoff, d.h. 3 % oder weniger, gelöst, sondern an das Hämoglobin gebunden.
Sogar bei einem normal hohen Sauerstoffpegel (Druck, Spannung) gibt es einen biochemischen Prozess, in dem eine bestimmte Anzahl von ‚freien Radikalen' kontinuierlich produziert wird, was die Zellfunktion zerstören kann. Das schließt u.a. das Anion Peroxyd und Wasserstoffperoxyd (H_2O_2) ein. Wasserstoffperoxyd gehört nicht zu den freien Radikalen, sondern eher zum cytotoxischen Lager (die Zelle zerstörend). Die größten, durch Sauerstoff verursachten Schäden, gehen nicht auf das Konto von Peroxyd oder Wasserstoffperoxyd, aber sie tragen eher zur Produktion weiterer, reaktiver Substanzen bei. Die Zellen verfügen glücklicherweise über Enzyme, die diese Radikalen schnell abfangen und entfernen. Diese Enzyme sind Catalasen, Peroxydasen und superoxyde Dismutasen. Deshalb werden diese freien Radikalen schnell genug entfernt, bevor sie Schaden in den Geweben anrichten können, solange der Abwehrmechanismus der Hämoglobin/ Sauerstoff-Verbindung die Sauerstoffkonzentration in den Geweben im normalen Bereich hält.

2.03 Auswirkungen der akuten Sauerstoff-Toxizität

Auch unter erhöhtem Druck kann nicht mehr Sauerstoff transportiert werden, da das Hämoglobin der begrenzende Faktor ist. Überschüssiger Sauerstoff wird, ähnlich wie Helium und Stickstoff, mechanisch in anderen Körperflüssigkeiten gelöst und durch den Kreislauf transportiert. Im Allgemeinen haben diese Überschüsse von Sauerstoff keine Auswirkungen in irgendeiner Form auf die Dekompressionskrankheit.
Die Gewebe des Gehirns sind am anfälligsten auf erhöhte Sauerstoffpartialdrücke und reagieren auf sie unter Umständen mit Krampfanfällen.

Wenn die Hämoglobin/Sauerstoff-Puffermechanismen nicht funktionieren, sind die beschützenden Enzyme überfordert, freie Radikale und Wasserstoffperoxyd zu beseitigen. Das kann zu Schäden an der Zelle oder zu deren Zerstörung führen. Eine Folge ist die Oxydation der ungesättigten Fettsäuren, die neben den membranartigen Strukturen der Zellen auch die zellulären Enzyme ausmachen, das kann zu ernsthaften Schäden beim Stoffwechsel führen.
Der menschliche Körper verfügt über unzählige Abwehrmechanismen. Im Zusammenhang mit der Sauerstofftoxizität spielen vor allem die ‚Blut-Gehirn-Barriere' und die ‚Blut-cerebrospinale- Flüssigkeitsbarriere' eine besondere Rolle. Die Diffusion von Substanzen im Körper unterscheidet sich deutlich von der im Gehirn. Das Kapillarbett des Gehirns erlaubt die einfache Diffusion von Sauerstoff, Kohlendioxyd, Wasser und solchen Substanzen, die in Flüssigkeiten löslich sind, wie Alkohol und Anästhetika. Die Blut-Gehirn-Barriere lässt leicht Elektrolyte wie Chloride, Kalium und Natrium durch. Es ist fast undurchdringlich für Plasma und große, nicht in Flüssigkeiten lösliche organische Moleküle. Die Existenz dieser Barrieren hat medizinische Forscher verblüfft, als sie versuchten, therapeutische Medikamente wie Antibiotika für diese Regionen zu entwickeln

2.04 Sauerstoff-Krämpfe

Ein Sauerstoffkrampf ähnelt in vielerlei Hinsicht einem epileptischen Anfall. Sollte ein Taucher unter Wasser krampfen, ist die einzig richtige Reaktion, den Sauerstoffpartialdruck zu verringern.
Bewusstlosigkeit kann eine Folge des Sauerstoffkrampfes sein. Eine Fehlfunktion im Gehirn sendet eine Unmenge Nervenimpulse an die Muskeln und auf dem Höhepunkt des Krampfes können alle Muskeln gleichzeitig stimuliert werden. In der tonischen Phase

Reiner Sauerstoff verkürzt die Dekompressionszeiten, doch das Gas ist nicht ungefährlich. Bild: Sven Rogge.

versteifen sich dann die Muskeln. Das Genick und alle vier Extremitäten werden kraftvoll überdehnt. Ermüdet das Gehirn nach ungefähr 30 Sekunden, verlangsamt sich die Rate der Stimulationen der Muskeln, was den Beginn der ‚klonischen Phase' einleitet. Während dieser Phase kann der Taucher für etwa 1 Minute sehr stark zucken und um sich schlagen, bevor die Symptome allmählich abklingen.
Während der tonischen und der klonischen Perioden atmet der Taucher nicht, das führt zu einem Anstieg des Kohlendioxydpegels. Erlischt der apnoetische Zustand, folgt eine Periode heftiger Hyperventilation, ausgelöst durch den zu hohen Kohlendioxydpegel.
Das Gehirn verweilt in einem depressiven, bewusstlosen Zustand, gefolgt von einer Phase der halben Bewusstlosigkeit. Nach 15 Minuten bis einer Stunde erlangt der Taucher wieder sein volles Bewusstsein. Müdigkeit, Muskel- und Kopfschmerzen sind häufige Folgeerscheinungen. An die Krampfphase kann der Taucher sich in der Regel nicht erinnern.

Die Sauerstofftoxizität ist ein biochemischer Prozess, der, einmal ausgelöst, nicht einfach verhindert werden kann. Es wurden schon Krämpfe bei Tauchern festgestellt, die auf ein Atemgas mit geringem Sauerstoffanteil gewechselt hatten. Diese bezeichnet man als ‚off-oxygen-Effekt'.

Wie vieles beim Tauchen, ist auch die Anfälligkeit gegenüber der Sauerstofftoxizität von Taucher zu Taucher und bei denselben Personen von Tag zu Tag sehr unterschiedlich. Sekundäre Faktoren sind zum Beispiel der Kohlendioxyddruck, die Temperatur und der Flüssigkeitshaushalt.

2.05 Krampf unter Wasser

Wie schon erwähnt, ist die Gefahr des Ertrinkens das Hauptproblem bei einer Sauerstoffvergiftung. Es gibt unterschiedliche Vorgehensweisen, wie ein Tauchpartner oder das Support Team auf die Situation reagieren kann. Die US Navy empfiehlt zum Beispiel, den betroffenen Taucher auf konstanter Tiefe zu halten, bis die Atmung wieder einsetzt. Begründet wird dies mit dem Atemstillstand in der tonischen / klonischen Phase und dem damit verbundenen Aufstiegsrisiko. Ob es wirklich zu einer Blockade der Atemwege kommt, ist aber nicht zweifelsfrei nachgewiesen und sicherlich auch abhängig von den Begleitumständen. Ist der Mund offen, ist das Risiko des Ertrinkens besonders hoch und die Wahrscheinlichkeit der Blockade eher gering, was für einen Aufstieg sprechen würde. Bei Technischen Tauchgängen kommt jedoch die Dekompressionsproblematik verschärfend hinzu. Auch wenn die Lunge durch den Aufstieg nicht zwangsläufig angegriffen wird, bleibt das DCI Risiko und zwar nicht nur für das Opfer, sondern auch für seinen Retter. Es ist also sehr schwer, generelle Verhaltensmaßnahmen aufzustellen.

Zur Vermeidung physiologischer Probleme in Bezug auf die toxische Sauerstoffbelastung und Dekompressionsproblematiken, bieten sich einige Strategien an, die sich in der Praxis bewährt haben. Bestimmte Aspekte gehören in den Bereich der Tauchgangsplanung, von daher werden sie in diesem Kapitel behandelt.

Wie jeder Hochleistungssportler, muss auch der Technische Taucher auf seine Ernährung achten. Kohlehydrathaltige Nahrung (Nudeln) bietet die entsprechende Grundlage, um langfristig Energie abrufen zu können. Übermäßige Mengen an Flüssigkeit kurz vor dem Tauchgang machen nur bedingt Sinn, da der Körper nur eine bestimmte Menge verarbeiten kann und den Rest wieder ausscheidet. 0.5 Liter werden als adäquate Menge im kurzfristigen Bereich angesehen. Damit ist nicht die Tagesmenge gemeint, insbesondere dann nicht, wenn hohe Außentemperaturen vorherrschen. Zuckerhaltige Getränke sind weniger empfehlenswert, da sie einen kurzfristigen hohen Energievorrat bewirken, der sehr schnell aufgebraucht ist und der Körper dann auch wieder Zucker als Energiequelle fordert.

Die Kontrolle des Sauerstoffpartialdrucks ist aufgrund der oben beschriebenen Problematik überaus wichtig. Der Gaswechsel sollte rechtzeitig erfolgen und dem Körper auch Zeit zum realen Gasaustausch (ca. 3–5 Minuten) gegeben werden, denn sonst steigt der Sauerstoffpartialdruck über die kritische Grenze. Gleiches gilt bei der Auftauch-phase, weshalb bei vielen Tauchprofilen der 21 Meter Stopp generell auf 5 Minuten ausgedehnt wird.

Während des gesamten Tauchgangs sollte darauf geachtet werden, dass kein künstlicher Druck aufgebaut wird. Dies beginnt schon beim langsamen und kontrollierten Abtauchen. Zeitdruck besteht während eines Technischen Tauchgangs nicht, da die eigentliche Grundzeit erst bei Erreichen der Grundtiefe beginnt. (Diese Aussage gilt in Ihrer Absolutheit nicht für jedes Tauchprofil – lange, langsame Abstiege, die zum Beispiel durch ein Höhlenprofil vorgegeben werden, müssen unter dekompressionstechnischer Hinsicht anders berechnet werden.)

In den letzten Jahren wurde der Sauerstoffanteil des Grundgemisches immer weiter gesenkt. Insbesondere wenn Tauchgänge lange Grundzeiten haben, ist die Gewebereizung durch hohe Sauerstoffpartialdrücke auch in Bezug auf die Dekompression kontraproduktiv. Sowohl die Verengung der Gefäße, als auch das Anschwellen des Lungengewebes, behindert den Gasaustausch in der Dekompressionsphase. Die ursprüngliche Überlegung, hoher Sauerstoffpartialdruck = kurze Dekompressionszeit ist also nicht zutreffend. Allerdings spielt die Grundzeit dabei eine entscheidende Rolle. Für Tauchgänge mit kurzen Grundzeiten macht es keinen Sinn, den Sauerstoffpartialdruck unter 1.0 bar zu senken. Neben der Dekompressionsproblematik muss aber auch das Risiko des Sauerstoffkrampfes bedacht werden und auch deshalb macht es Sinn, die oft propagierten Werte von 1.4 bar PPO_2 als zu hoch anzusehen.

Es kann nicht häufig genug betont werden, dass eine effektive Dekompression direkt beim Aufstieg beginnt und nicht erst beim Erreichen des ersten Dekostopps. Entscheidend ist die Aufstiegsgeschwindigkeit. Selbst in großen Tiefen sollte diese nicht über 8 Meter in der Minute liegen. Die Effizienz und Bedeutung von Deep Stopps wird an anderer Stelle ausführlich erklärt. Dass sie durchaus auch eine theoretische Basis haben, wurde auf den vorhergehenden Seiten erklärt. Eine frühzeitige Verhinderung oder Reduzierung von Blasenkeimen, ist in der Praxis effizienter, als auf langen flachen Stopps (Bühlmann), die eingefangenen Blasen wieder abzuatmen. Letzteres wäre zu vergleichen mit einem Patienten, der eine wirksame Medizin gegen eine Krankheit kennt und sie immer wieder einsetzt, anstatt das Auftreten der Krankheit im Vorfeld zu verhindern.

Wird auf einem Dekostopp das Atemgas gewechselt, empfiehlt es sich, diesen Stopp auf 5 Minuten auszudehnen, damit dem Körper ausreichend Zeit gegeben wird, sich auf die neue Gassituation einzustellen und von den unterschiedlichen Druckgradienten zu profitieren.

Aufgrund des hohen, prozentualen Druckunterschieds zwischen 6 und 0 Meter, sollte das Auftauchen in diesem Bereich besonders langsam erfolgen => ein Meter pro Minute.

Sowohl die theoretischen Überlegungen in diesem Kapitel, als auch die praktischen im Kapitel Tauchgangsplanung, dürfen über eins nicht hinwegtäuschen. 100%ige Sicherheit gibt es nicht. Der Faktor Mensch, mit seinen individuellen Unterschieden, ist einfach viel zu komplex, als dass ein einziges, verallgemeinerndes Modell, egal ob in Bezug auf die Sauerstoff- oder Dekompressionsproblematik, diesem Rechnung tragen kann. Letztendlich sind das nur Versuche, komplizierte physiologische Vorgänge in ein wissenschaftlich mathematisches Modell zu integrieren.

Auch nach dem Tauchgang spielen physiologische Aspekte eine Rolle. Hilfe beim Ausstieg ist keine Schande, sondern eventuell die Verhinderung eines Dekompressionsunfalles. Bild: Sven Rogge.

Dekompressionstheorie

Kapitel 3

Obwohl jeder Taucher schon zu Beginn seiner Ausbildung mit dem Thema ‚Dekompression' konfrontiert wird, ist das Wissen darüber häufig rudimentär. Sicher liegt dies auch daran, dass die gesamte Thematik in der ‚normalen' Sporttaucherausbildung bis heute tabuisiert wird. Dekompressionstauchen gilt als lebensgefährlicher Leichtsinn, den es unbedingt zu vermeiden gilt. Tatsächlich ist die Tabuisierung der Thematik kontraproduktiv. Der physikalische Vorgang der Auf- und Entsättigung findet bei jedem Tauchgang statt, selbst wenn ein so genannter Nullzeittauchgang durchgeführt wird.

Technisches Tauchen ist unabdingbar mit Dekompressionstauchgängen, welche auch lange Stopps auf unterschiedlichen Tiefen erfordern, verbunden. Grundlegende Kenntnisse der Thematik helfen eventuell vorhandene Ängste abzubauen und gehören zum Handwerkszeug des Technischen Tauchers.

Grundlegende Kenntnisse der Dekompression sind für den Technischen Taucher lebenswichtig.
Foto: Andy Kutsch.

Historie

Schon im Jahr 1670 hatte Robert Boyle bei Experimenten mit Tieren Blasenbildungen festgestellt. Er steckte eine Schlange in einen Behälter und setzte diesen unter Druck. Als er den Druck im Behälter reduzierte, bildete sich in einem Auge der Schlange eine Luftblase. Obwohl er die Ursache nicht kannte, dokumentierte er seine Beobachtungen. Dies ist die erste uns bekannte Aufzeichnung der Dekompressionskrankheit.

Im 19. Jahrhundert wurde die Dekompressionskrankheit erstmals bei Menschen diagnostiziert. Bei Arbeiten an Brückenpfeilern wurden so genannte Caissons eingesetzt. Diese Behälter wurden unter Druck gesetzt, um zu verhindern, dass Wasser eindrang. Häufig klagten Arbeiter, die in diesen Caissons arbeiteten, über starke Schmerzen. Um ihre Schmerzen zu lindern, nahmen sie eine gekrümmte bzw. gebeugte Haltung ein. Umgangssprachlich nannte man daher die Krankheit auch ‚bends' (englisch für beugen). Ein Begriff, der heute noch im angloamerikanischen Raum benutzt wird. Mediziner benutzten jedoch den Begriff ‚Caissonkrankheit', obwohl auch bei Minenarbeitern, die unter Druck arbeiteten, und Helmtauchern gleiche Symptome festgestellt wurden. Der Zusammenhang zwischen Erhöhung des Umgebungsdrucks und anschließender Druckreduktion war offensichtlich. Klare Schemata konnten jedoch nicht festgestellt werden. Die Krankheit trat ohne deutliche Muster auf.

Im Jahr 1870 begann der französische Mediziner Paul Bert mit seinen Forschungen rund um die Caissonkrankheit. Er wählte zunächst einen empirischen Ansatz, indem er Berichte über die Caissonkrankheit aus aller Welt sammelte. 1878 veröffentlichte er seine Erkenntnisse im Werk ‚La Pression Barométrique.' Bert schlussfolgerte, dass die Ursache der Caissionkrankheit im Stickstoff zu suchen sei. Stickstoff bildet Blasen, wenn der Umgebungsdruck reduziert wird. Seine Empfehlungen, langsam aufzutauchen oder den Druck langsam zu reduzieren und bei auftretenden Symptomen den Druck wieder zu erhöhen, wurden in der Praxis umgesetzt und zeigten, insbesondere beim Bau eines Tunnels unter dem Hudson River, überraschende Erfolge.

Robert Doyle diagnostizierte als erster Wissenschaftler eine auf Druckdifferenz basierende Blasenbildung.

Obwohl Berts dokumentierte Erkenntnisse einen gewaltigen Fortschritt bedeuteten, fand er keine klare Systematisierung. Dies gelang erst dem Physiologen Dr. John Scott Haldane, der im Jahre 1907 die erste Tauchtabelle veröffentlichte. Haldane konnte anhand von Tierversuchen nachweisen, dass es eine gewisse Übersättigungstoleranz gibt. Der Körper kann eine bestimmte Menge

Paul Bert veröffentlichte seine Erkenntnisse 1878 in seinem Werk: La Pression Barométrique.

an Stickstoff binden, ohne dass es zum Auftreten der Dekompressionskrankheit kommt. In Zusammenarbeit mit der Royal Navy entwickelte Haldane seine Tabelle weiter und trieb seine Forschungen voran. Sowohl die Berufstaucherei als auch das militärische Tauchen machten durch seine Erkenntnisse immense Fortschritte.

Taucher erreichten die damals unvorstellbare Tiefe von 64 Metern und kehrten, ohne Auftreten der Dekompressionskrankheit, an die Oberfläche zurück.

3.01 Sättigung und Entsättigung

Inertgase nehmen nicht am biochemischen Prozess im Körper teil. Grundlage für den Prozess der Auf- und Entsättigung sind physikalische Prozesse, die dem Gesetz von Henry folgen (siehe Kapitel Physik). Nach Henry ist die Menge des gelösten Gases vom Druck abhängig. Allerdings spielen auch andere Faktoren eine wesentliche Rolle. Die Löslichkeit eines Gases wird sowohl von der Beschaffenheit des Gases, als auch von der Flüssigkeit beeinflusst. Eine fettähnliche Flüssigkeit nimmt 5-mal mehr Stickstoff auf als Wasser. Helium hingegen löst sich deutlich schlechter in Fett als Stickstoff, wodurch auch die geringere narkotische Wirkung von Helium erklärt wird. Auch die Temperatur nimmt Einfluss auf die Löslichkeit eines Gases. Generell gilt: Je niedriger die Temperatur, desto höher die Löslichkeit.

1013 mbar – 135 mbar (O_2) – 62.7 mbar (H_2O) – 53.3 mbar (CO_2) = 762 mbar (N_2)

Verändert sich der Umgebungsdruck, muss sich ein neues Gleichgewicht einstellen. Gase wandern, nach dem Gesetz von Henry, immer in Richtung des geringeren Drucks. Nimmt der Umgebungsdruck ab, zum Beispiel beim Bergsteigen, reduziert sich die Menge des gelösten Stickstoffs im Körper. Das Gegenteil ist der Fall, wenn der Umgebungsdruck, wie beim Tauchen, erhöht wird. Die Gasmenge nimmt zu. Sobald das Druckgefälle zwischen Gewebe und Umgebung ausgeglichen und das Gleichgewicht wieder hergestellt ist, stoppt der Prozess der Ent- bzw. Aufsättigung.

Der menschliche Körper ist ein komplexes Gebilde aus unterschiedlichen Geweben, die unterschiedliche Mengen Stickstoff aufnehmen können. Auch der Verlauf der Sättigung spielt eine entscheidende Rolle.

Der Druck steigt beim Tauchen relativ schnell an. Bereits auf 30 Metern Tiefe hat sich der Druck gegenüber der Oberfläche vervierfacht. Der Stickstoffpartialdruck beträgt in dieser Tiefe 3.16 bar. Es besteht also ein Druckgefälle von 2.36 bar zwischen Lunge und Gewebe, wenn ein Gewebedruck von 0,8 bar zugrunde gelegt wird. Die Lungenalveolen sättigen sich sehr schnell mit Stickstoff auf. Das liegt an der großen Oberfläche der Alveolen. Gleiches gilt für Blut, das die Alveolen durchfließt. Es kann davon ausgegangen werden, dass Blut, das die Alveolen verlässt, über einen Stickstoffpartialdruck von 3.16 bar verfügt.

Das Blut, obwohl es ein schnelles Gewebe ist und rasch aufgesättigt wird, ist gleichzeitig ein limitierender Faktor im Sättigungsprozess. Die Menge Stickstoff, die über das Blut transportiert werden kann, ist begrenzt. Es dauert also eine gewisse Zeit, bis das Blut die für die Sättigung benötigte Menge an alle Bereiche des Körpers transportiert hat. Auch die Durchblutung eines Gewebes spielt dabei eine Rolle. Je besser ein Gewebe durchblutet ist, desto schneller erfolgt der Prozess der Aufsättigung.

Je besser ein Gewebe durchblutet ist, desto schneller läuft der Prozess der Aufsättigung.

Im Körper kommt es während der Sättigungsphase zu nicht unerheblichen Druckdifferenzen. Die Reduzierung des Druckgradienten, also die Differenz zwischen innerem und umgebenden Druck, führt zu einer Verlangsamung des Aufsättigungsprozesses.

Die Diffusionsfähigkeit des Inertgases spielt beim Sättigungsprozess eine bedeutende Rolle. Helium besitzt eine deutlich höhere Diffusionsfähigkeit als Stickstoff und sättigt sich dementsprechend schneller auf.

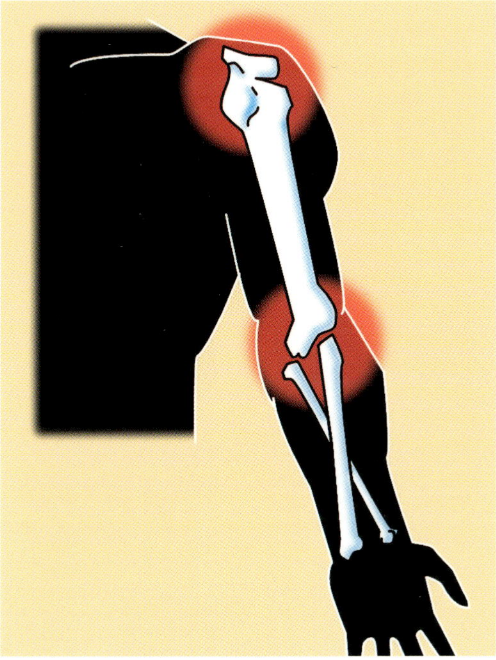

Bei zu schneller Druckreduktion können Gasblasen im Körper auftreten. Der Taucher leidet an der Dekompressionskrankheit.

Wässrige Gewebe sind schon nach wenigen Minuten gesättigt. Bei weniger gut durchbluteten und fetthaltigen Geweben kann dieser Vorgang bis zu 50 Stunden in Anspruch nehmen.

Die Entsättigung läuft im Prinzip umgekehrt ab. Der abnehmende Druck führt zu einem Druckgefälle in umgekehrter Richtung. Der Stickstoff diffundiert von den Geweben in Richtung Blut, wird zur Lunge transportiert und abgeatmet. Der Prozess der Entsättigung dauert genauso lange wie der Vorgang der Aufsättigung, kann also auch bis zu 50 Stunden in Anspruch nehmen.

Eine kontrollierte Entsättigung stellt kein Problem dar. Erst wenn die Druckabnahme zu schnell erfolgt, können sich Probleme einstellen. Ein hohes Druckgefälle führt dazu, dass dieses den Stickstoff aus seiner Lösung zwingt und er Gasblasen bildet. Das Auftreten dieser Gasblasen nennt man Dekompressionskrankheit.

Was in der Theorie einfach erscheint, ist in der Praxis eine komplexe und bis heute nicht bis ins kleinste Detail erforschte Thematik. Im Kapitel Physik wird der Vorgang der Gasblasenbildung ausführlich beschrieben.

Wie im Kapitel Physik auch beschrieben, wird der Diffusionsprozess vom Konzentrationsunterschied getrieben. Im Fall von Stickstoff in Geweben ist der Transport schnell, wenn der Konzentrations-, also auch der Druckunterschied, hoch ist. Dies bedeutet, dass die Entsättigung eines Gewebes immer langsamer wird, da durch die Entsättigung der Druck- und Konzentrationsunterschied kleiner wird. Die Konzentration von Stickstoff nimmt exponentiell als Funktion der Zeit ab. Definieren wir eine typische Zeit \τ nach der noch 50 % der Anfangskonzentration vorhanden ist. Bei einer exponentiellen Zeitabhängigkeit hat sich nach einer zweiten Periode \τ die Konzentration wieder halbiert. Es sind also noch 25 % der Anfangskonzentration vorhanden. Nach einer dritten Periode \τ sind es dann noch 12.5 %. Es wird also nie eine vollständige Entsättigung erreicht. Praktisch gehen wir davon aus, dass nach 6 Halbwertzeiten ein Gewebe entsättigt ist. Die Grafik zeigt einen exponentiellen Konzentrationsverlauf, wie wir ihn bei der Entsättigung eines Gewebes beim Tauchen erleben.

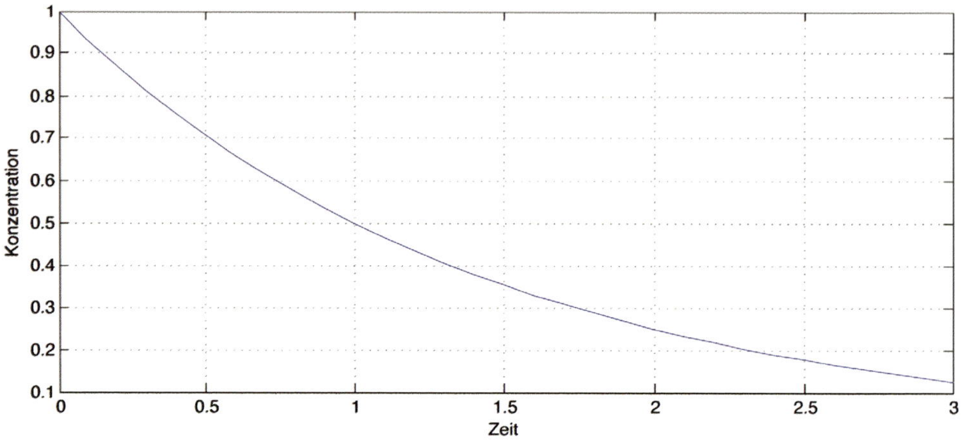

Die Stickstoff Konzentration als Funktion der Zeit. Die exponentielle Zeitabhaenigkeit wird durch die Halbwertszeit τ charakterisiert.

3.02 Dekompressionsmodelle

Zu Beginn des 20. Jahrhundert veröffentlichte John Scott Haldane sein Standardwerk ‚*The prevention of compressed air illness.*´ Einige seiner damaligen Überlegungen haben noch heute Bedeutung, andere wurden im Laufe der Jahre modifiziert bzw. revidiert. Laut Haldane liegt die Übersättigungstoleranz bei 2:1. Dies bedeutet, dass eine Druckreduzierung um die Hälfte unproblematisch ist und keine Symptome der Dekompressionskrankheit hervorruft. In der Praxis bedeutet dies, dass ein Taucher problemlos von 30 Metern (4 bar) auf 10 Meter (2 bar) auftauchen kann. Haldane erkannte auch, dass verschiedene Gewebe sich unterschiedlich schnell auf- und entsättigen. Der schottische Physiologe fasste diese Gewebe in 5 theoretische Kompartimente, die unterschiedliche Halbwertzeiten besaßen (5, 10, 20, 40 und 75 Minuten), zusammen. Unter einer Halbwertzeit versteht man den Zeitfaktor, den ein Gewebe benötigt, um halb ge- oder entsättigt zu werden. Die von Haldane entwickelten Tauchtabellen wurden sowohl von der Royal als auch der US Navy verwendet und führten zu einer Reduzierung der Dekompressionsunfälle.

In den 1960er Jahren rückten erstmals Wiederholungstauchgänge in den Blick der Forschung. Robert D. Workmann stellte eine lineare Beziehung zwischen der tolerierten Sättigung der Inertgase im Gewebe und dem Umgebungsdruck her. Daraufhin wurden die Halbwertzeiten erweitert und angepasst (5, 10, 20, 40, 80 und 120 Minuten). Der Begriff M-Values hielt Einzug in die Dekompressionsforschung und der Übersättigungstoleranzbereich wurde auf 1.58 : 1 gesenkt. Der M-Wert ist definiert als (absoluter) maximal tolerierbarer Inertgas-Druck bei gegebenem Umgebungsdruck, bei dem ein (hypothetisches) Gewebe keine DCS-Symptome aufzeigt. Die M-Werte repräsentieren somit Grenzwerte für einen tolerierbaren Gradienten zwischen Inertgas- und Umgebungsdruck für jedes Kompartiment. Einfach formuliert: M-Werte = Grenzwerte für tolerierbaren Inertgas-Überdruck.

Eine bedeutende Weiterentwicklung der Dekompressionsforschung waren die Arbeiten von D.J. Kidd und R.A. Stubbs im Auftrag des kanadischen Defense and Civil Institute of Enviromental Medicine (DCIEM). Sie stellten zum ersten Mal die Theorie auf, dass Gewebe in Abhängigkeit zueinander gesättigt werden. Es wird also von einer seriellen Aufsättigung hintereinander liegender Gewebe ausgegangen, im Gegensatz zu einer parallelen Aufsättigung wie es Haldane und Workmann ihren Überlegungen zugrunde gelegt hatten. In einem seriellen Modell ist nur das erste Gewebe dem Umgebungsdruck direkt ausgesetzt. Die Sättigung erfolgt Gewebe um Gewebe, von daher kennen serielle Dekompressionsmodelle auch keine Halbwertzeiten.

Mit Kidd und Stubbs war die Einheit in der Dekompressionstheorie nicht mehr gegeben. Bühlmann legte seinen Forschungen wieder ein paralleles Kompartimenten-Modell zugrunde und veröffentlichte in seinem Buch Tauchmedizin das wohl bekannteste Dekomodell mit der Bezeichnung ZH-L16, auf dem die Berechnungen der meisten Tauchcomputer beruhen. Wie der Name schon sagt, geht Bühlmann von 16 Kompartimenten mit Halbwertzeiten von 4 bis 635 Minuten aus. Das Bühlmann Modell ist vergleichsweise aggressiv. Die Entsättigung wird dadurch beschleunigt, dass immer der maximale Partialdruckunterschied von 1.58 : 1 für das leitende Gewebe zugrunde gelegt wird. Das leitende Gewebe ist das Gewebe mit dem größten Partialdruckunterschied. Ein typisches Bühlmann-Tauchprofil hat relativ flache Dekostopps und einen langen letzten flachen Stopp. Gradienten Faktoren (GF) erlauben, ein weniger aggressives Bühlmann-Profil zu tauchen. Der GF=1 bedeutet, dass der Bühlmann M-Wert gebraucht wird. Bei einem kleineren GF, z.B. 0.3, wird bereits ein Stopp bei 30% des maximalen Gradienten eingelegt. Bezeichnend ist, dass nicht ein GF, sondern zwei gebraucht werden. Der low GF, der tiefe Gradient Faktor, wird für die tiefen Stopps gebraucht und erlaubt es, so die ersten Stopps bei größeren Tiefen zu machen (z.B. 0.3). Der high GF, der hohe Gradient Faktor, wird bei den flacheren Stopps eingesetzt und ist höher, also aggressiver (z.B. 0.8). Die Wahl dieser Werte erfordert Erfahrung und hängt auch vom Gasgemisch ab, also davon, ob mit Nitrox oder Trimix getaucht wird.
In Konkurrenz zu Bühlmann trat in der jüngeren Forschung das Varrying Permeability Model (VPM), das in den 1970er Jahren von D.E. Yount und R.H. Strauss ins Leben gerufen und insbesondere von Bruce R. Wienke weiterentwickelt wurde. Generell geht das VPM auch von Halbwertzeiten wie Bühlmann aus. Während bei Bühlmann die Übersättigung der Kompartimente begrenzt ist, reduziert das VPM das Blasenvolumen. Blasenmodelle etablieren sich zum Standard für Technisches Tauchen und Tieftauchen. Mit mathematischen Modellen werden Blasenmodelle simuliert und das Wachstum von Mikro-Blasen (Micro-Bubbles) berechnet. Auch die Blasenmodelle können in ihrem Konservatismus variiert werden. Hierbei ist es von Vorteil, dass nur ein Wert eingestellt werden muss und dieser auch unabhängig vom verwendeten Gas ist. Das Ergebnis von Blasenmodellen ist erstaunlicherweise vergleichbar mit vielen etablierten Praktiken und Theorien, u.a. mit Pyle Stopps, mit den Praktiken von Perlentauchern oder mit denen von Floridas Höhlentauchern. Eine wichtige Erkenntnis ist, dass nach einem Tauchgang immer Blasen im Blut vorhanden sind. Wenn diese jedoch einen kritischen Radius nicht überschreiten, können sie effizient durch die Lunge gefiltert werden. Zentral ist, dass nicht ein sogenannter ‚Rechts-Links-Shunt', ein Kurzschluss zwischen dem venösen und arteriellen Teil des Blutkreislaufes, entsteht. Ein solcher Kurzschluss führt zu Blasen im arteriellen System, was fatale Folgen haben kann, wenn z.B. eine Blase in das Gehirn transportiert wird und dort ein Blutgefäß verstopft.

Fotograph: Peter Gärtner, Team Cavebase.

DUCKS INTERNATIONAL

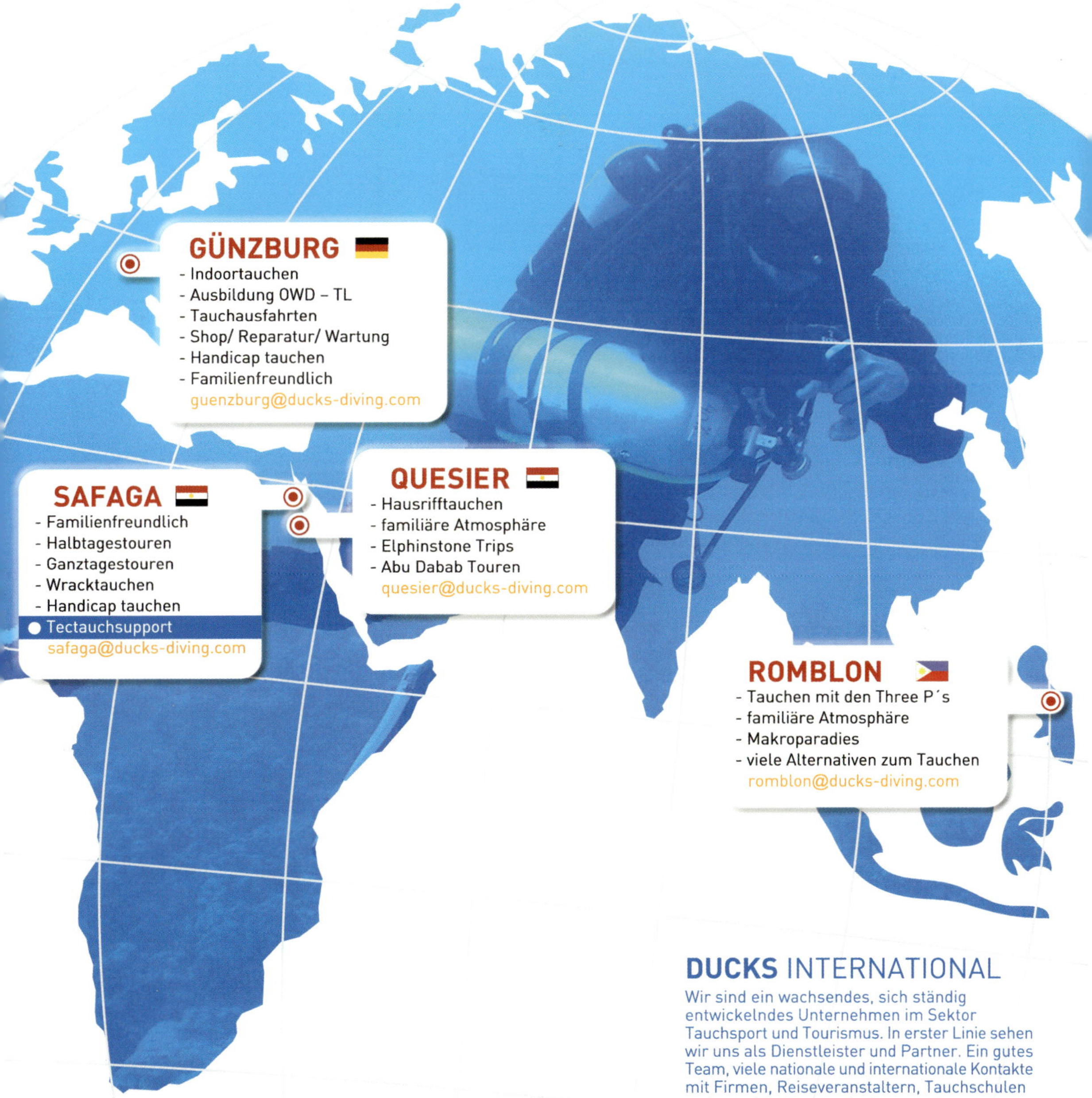

DUCKS INTERNATIONAL

Wir sind ein wachsendes, sich ständig entwickelndes Unternehmen im Sektor Tauchsport und Tourismus. In erster Linie sehen wir uns als Dienstleister und Partner. Ein gutes Team, viele nationale und internationale Kontakte mit Firmen, Reiseveranstaltern, Tauchschulen und –verbänden, sowie das gemeinsame Arbeiten an gesteckten Zielen helfen uns dabei, sich den stets verändernden Anforderungen dieser Branche seit Jahren erfolgreich zu stellen.

Ellharter Steig 5
87435 Kempten
Tel. Dt. +49 (0) 831 176 91
Fax Dt. +49 (0) 831 527 088 8
Tel. Et. +20 (0) 102 797 134

E-Mail info@ducks-international.com
Online www.ducks-international.com

Tauchgangsplanung

SDI
TDI

Kapitel 4

Die Bedeutung einer korrekten Tauchgangsplanung wird dem Tauchschüler bereits in seinem Anfängerkurs vermittelt. Leider sinkt mit wachsender Erfahrung die Bereitschaft, einen Tauchgang mit all' seinen Details zu planen. Heutzutage übernimmt der Tauchcomputer die Nullzeitberechnung oder die Dekompressionsplanung. Auch der Gasverbrauch wird nicht mehr berechnet. Das liegt daran, dass die meisten Taucher nicht gelernt haben, ihren individuellen Gasverbrauch zu bestimmen. In der Praxis des Sporttauchens mag dies unproblematisch sein, denn viele Notfallszenarien sind darauf ausgerichtet, dass der Taucher sofort zur Oberfläche auftauchen kann.

Beim Technischen Tauchen ist der direkte Weg zur Oberfläche häufig blockiert. Hierin liegt der Hauptunterschied zwischen Sport – und Technischem Tauchen.
Bild: Daniel Riordan BTS Europa.

Hier liegt einer der entscheidenden Unterschiede zwischen Sport- und Technischem Tauchen. Schon auf dem Einsteigerniveau Advanced Nitrox / Deko Pro ist der direkte Weg zur Oberfläche durch ein virtuelles ,'overhead environment' blockiert. Die Tauchtabellen auf den folgenden Seiten zeigen, dass auch Tauchgänge in ,normalen' Sporttauchtiefen zu erheblichen Dekompressionszeiten führen können, wenn die Grundzeit entsprechend ausgedehnt wird. Im Technischen Tauchen werden ,Deko-Tauchgänge' keineswegs verteufelt, vielmehr sind sie an der Tagesordnung.
TDI vertritt die Lehrmeinung, dass jeder Tauchgang ein Dekompressionstauchgang ist, denn der Prozeß der Auf- und Entsätti-gung findet auch während so genannter Nullzeittauchgänge statt. Der Unterschied besteht darin, dass durch das Einhalten einer vorgeschriebenen Auftauchgeschwindig-keit, dem Körper entsprechend Zeit gegeben

wird, aufgesättigtes Gas wieder abzubauen. Je höher die aufgesättigte Gasmenge ist, desto mehr Zeit benötigt der Körper, diese abzugeben. Eine langsame Auftstiegsgeschwindigkeit reicht dann nicht mehr aus. Der Taucher muss auf bestimmten Tiefen Stopps einlegen. Ein direktes Auftauchen ist nicht mehr möglich, jedenfalls nicht ohne gesundheitliche Risiken einzugehen. Solche Tauchgänge gehören bereits zum Technischen Tauchen. Die Vorgehensweisen zwischen Sport- und Technischen Tauchgängen unterscheiden sich in vielen Details. Der Tauchgangsplanung kommt bei letzteren ein ganz anderer Stellenwert zu.
Zu beachten ist, dass unterschiedliche ‚Missions' auch verschiedene Planungsvariablen voraussetzen. So unterscheiden sich zum Beispiel Höhlen- und Wracktauchgänge in einigen wichtigen Punkten, die für die Planung relevant sind.
Es gibt einige Basics, die jeder Taucher beherrschen muss und diese werden im Folgenden erläutert:

4.01 Gasberechnungen

Technische Tauchgänge haben oft eine klar definierte Zieltiefe, die sich meist aus der ‚Mission', also dem Ziel des Tauchgangs ergibt. Zunächst einmal muss das einsetzbare Gas bestimmt werden. Der entscheidende Faktor ist dabei der Sauerstoffpartialdruck. Der frühere Maximalwert von 1.6 bar PPO_2 gehört inzwischen der Vergangenheit an. Die Gründe hierfür werden an anderer Stelle genauer erläutert. Ein Maximal PPO_2 von 1.2 bar ist aus vielerlei Gründen besser geeignet. Je extremer und länger die Tauchgänge werden, desto weiter sinkt der empfohlene Sauerstoffpartialdruck.

Sowohl bei der Berechnung der MOD (Maximun Operathing Depth) als auch beim ‚Best Mix' ist der Formelkreis eine große Hilfe.

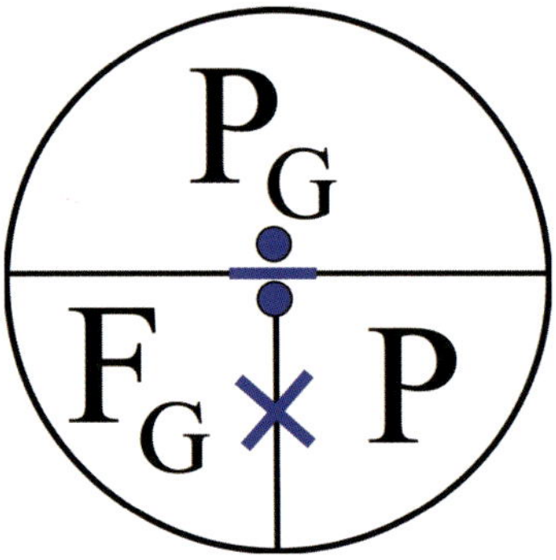

P_G *= Partial Pressure Gas (Partialdruck des Gases)* ***F_G*** *= Fraction of Gas (Anteil des Gases)*
P *= Pressure (Gesamtdruck)*

Wird der Anteil eines Gases ‚Best Mix' gesucht, muss der Partialdruck durch den absoluten Druck geteilt werden. Befindet sich das Ziel in einer Tiefe von 40 Metern, ergibt sich, bei einem maximal erlaubten Sauerstoffpartialdruck von 1.2 bar, folgende Gleichung:

FG = 1.2 bar / 5 bar <=> FG = 0.24

Somit wäre der ‚Best Mix', zumindest bezogen auf den Sauerstoffanteil, 24%.
Die immer neue ‚Best Mix' Berechnung hat verschiedene Nachteile. Diese fangen bereits beim Füllen an. Das Prozedere ist deutlich leichter, wenn immer die gleichen Gase gefüllt werden. Eine eingespielte Routine führt in der Regel zu einem besseren Ergebnis. Vor allem bei den Stageflaschen (siehe Kapitel Ausrüstung) ist eine deutliche Beschriftung ratsam. Die MOD kann aber nur dann fix auf der Flasche angegeben werden, wenn immer der gleiche Gasinhalt gefüllt wird. Auch unter Wasser bedeutet ein routinierter Ablauf ein Plus an Sicherheit. Nach mehreren Tauchgängen mit immer den gleichen Gasen, sind Abläufe und Dekompressionszeiten in Fleisch und Blut übergegangen.

Der Rausch der Tiefe

Dass der Stickstoff in unserem Atemgas für den sogenannten Tiefenrausch verantwortlich ist, lernt der Taucher bereits in seinem Anfängerkurs. Aber was bewirkt das Gas in unserem Körper? Welche physiologischen Prozesse laufen während des Tauchgangs ab?

Zunächst einmal gilt Stickstoff im physiologischen Sinne als Inertgas, also ein Gas, welches weder chemische noch biochemische Reaktionen im Körper eingeht. Im klassischen chemischen Sinne gelten nur die Edelgase als inert. Unter normobaren Bedingungen ist der Stickstoff, der mit 79% einen Grossteil an unserer Atemluft ausmacht, nicht an biochemischen Abläufen beteiligt. Seine narkotische Wirkung entwickelt das Gas nur dann, wenn es aufgrund des steigenden Drucks in das Gewebe diffundiert und die Konzentration im Nervengewebe zunimmt. Nervengewebe hat einen hohen Fettanteil und Stickstoff löst sich sehr gut in fetthaltigem Gewebe. Die Fettlöslichkeit eines Gases scheint in direktem Zusammenhang mit seiner narkotischen Wirkung zu stehen. Versuche haben gezeigt, dass Gase mit einer extrem hohen Fettlöslichkeit die stärkste narkotische Wirkung besitzen. (Kohlendioxid und Xenon sind stark narkotische Gase)

Doch damit enden die gesicherten wissenschaftlichen Erkenntnisse. Denn nach wie vor handelt es sich bei allen Theorien zur Stickstoffnarkose um wissenschaftlich nicht eindeutig bewiesene Hypothesen.

Ein Blick auf die Kontaktstelle zwischen zwei Nervenzellen, den so genannten Synapsen, zeigt wie die Übermittlung von Informationen im Körper funktioniert. Durch die Ausschüttung des erregenden Neurotransmitters Glutamat in den synaptischen Spalt kommt es in der nachfolgenden Zelle zu einem Natriumeinstrom. Dadurch wird ein Aktionspotential ausgelöst und die Information weitergeben. Diese Depolarisation wird beim Einsatz von Narkosemitteln durch physiochemische Veränderungen in der Neuronenmembran (Zellwand der Nervenzelle) behindert oder sogar ganz gestoppt. Der Informationsfluss zwischen den Nervenzellen kommt zum Erliegen. Ähnliches erfolgt durch die Aufsättigung von Stickstoff im Gewebe. Die Reizweiterleitung zwischen den Nervenzellen wird durch die Aufsättigung von Stickstoff behindert.

Dies ist aber kein eindeutig zu bestimmender Prozeß. Beim Tauchen kommen die unterschiedlichsten Sekundärfaktoren hinzu, die positiven oder negativen Einfluss auf die Entwicklung einer Stickstoffnarkose nehmen können.

Kaltes Wasser mit schlechten Sichtverhältnissen ruft deutlich schneller einen Tiefenrausch hervor, als glasklares warmes Wasser. Auch psychische Faktoren wie Sichtverhältnisse beeinflussen die Inertgasnarkose. Auch die Orientierung oder eben die Orientierungslosigkeit verstärkt das Auftreten. Auch die ‚Tagesform' des Tauchers spielt eine bedeutende Rolle. Der gleiche Tauchgang an zwei verschiedenen Tagen kann unter narkotischen Gesichtspunkten völlig unterschiedlich ablaufen.

Bei Technischen Tauchgängen ist eine Narkose mehr als problematisch. Eine Stickstoffnarkose beeinflusst das reale Taucherlebnis und trübt die Freude am Tauchgang. Hinzu kommt, dass in einem Notfall Reaktions- und Handlungsvermögen drastisch eingeschränkt ist. Bei Tauchgängen jenseits der 40 Meter sollte das narkotische Gas durch Helium ersetzt werden. Und je komplexer das Anforderungsprofil, desto geringer sollte die narkotische Wirkung des Atemgases sein.

Bei Tauchgängen dieser Art, sollte der Taucher keiner narkotischen Gaswirkung ausgesetzt sein. Bild Sven Rogge.

4.02 Dekompressionsplanung

Ein zentraler Punkt in der Tauchgangsplanung ist die Dekompressionsplanung. Es gibt drei unterschiedliche Methoden:

Tabellen, ‚Deko on the Fly', Dekosoftware/Tauchcomputer.

Mit klassischen Tabellen arbeitet der Technische Taucher von heute nicht mehr. Es macht keinen Sinn, mit veralteten Lufttabellen Tauchgänge zu planen, die mit einem oder zwei Dekogasen getaucht werden. Der Vorteil der Dekompressionszeit-Verkürzung kann nicht anhand der Tabelle berechnet werden. Mit Hilfe von speziellen Dekosoftwareprogrammen können Tabellen erstellt werden, die den Vorteil wechselnder Gase berücksichtigen. Nachstehend eine Tabelle für Tauchgänge bis 45 Metern mit unterschiedlichen Deko-gasen. (Weitere Tabellen befinden sich im Anhang)

Bei dieser Tabelle wird von folgenden Parametern ausgegangen:

Abstiegsgeschwindigkeit: 10 Meter / Min.

Aufstiegsgeschwindigkeit: generell 10 Meter / Min.; 6 - 0 Meter 1 Meter / Min.

Gaswechsel auf 21 Meter bzw. 6 Meter. Insbesondere der Gaswechsel auf 21 Meter benötigt häufig eine Gewöhnungszeit, in der Regel zwischen 3 und 5 Minuten. Die nachstehende Tabelle berücksichtigt diese Zeit nicht. Der Stopp kann aber problemlos eingefügt

Atemgas	**Luft**																	
Tiefe		**45**			**45**			**45**			**45**			**45**			**45**	
Zeit		**15**	**15**		**20**	**20**		**25**	**25**		**30**	**30**		**35**	**35**		**40**	**40**
Stopptiefe																		
24														2	34		3	45
21					1	24		2	30		2	36		3	42		3	48
18		1	19		2	26		3	33		4	40		4	46		5	53
15		2	21		3	29		4	37		5	45		6	52		7	60
12		3	24		4	33		5	42		6	51		8	60		9	69
9		4	28		6	39		8	50		10	61		12	72		14	83
6		20	48		33	72		47	97		59	120		71	143		83	166
Tauchzeit			**54**			**78**			**103**			**126**			**149**			**172**
CNS %		7			10			13			15			18			20	
Atemgas	**Luft**																	
Dekogas	**50% Nitrox**																	
Tiefe		**45**			**45**			**45**			**45**			**45**			**45**	
Zeit		**15**	**15**		**20**	**20**		**25**	**25**		**30**	**30**		**35**	**35**		**40**	**40**
Stopptiefe																		
24														1	38		2	44
21	**Gaswechsel**				1	24		1	29		2	35		2	40		2	46
18		1	19		2	26		2	31		2	37		2	42		3	49
15		1	20		2	28		2	33		2	39		4	46		3	52
12		1	21		2	30		3	36		4	43		4	50		6	58
9		2	23		3	33		4	40		5	48		6	56		7	65
6		9	32		14	47		19	59		24	72		28	48		34	99
Tauchzeit			**38**			**51**			**65**			**78**			**54**			**105**
CNS %		11			16			21			26			30			35	
Atemgas	**Luft**																	
Dekogas	**50% 100%**																	
Tiefe		**45**			**45**			**45**			**45**			**45**			**45**	
Zeit		**15**	**15**		**20**	**20**		**25**	**25**		**30**	**30**		**35**	**35**		**40**	**40**
Stopptiefe																		
24																		
21	**Gaswechsel**										1	34		2	40		2	45
18		1	19		1	24		2	30		2	36		2	42		2	47
15		1	20		1	25		2	32		3	39		3	45		4	51
12		1	21		2	27		3	35		3	42		4	49		5	56
9		1	22		3	30		3	38		5	47		6	55		7	63
6	**Gaswechsel**	6	28		8	38		11	49		13	60		16	71		18	81
Tauchzeit			**34**			**44**			**55**			**66**			**77**			**87**
CNS %		20			27			36			43			53			60	

werden.

'Deko on the Fly'

Eine weitere Variante der Dekompressionsplanung ist das 'Deko on the Fly'-Konzept (wird mitunter auch 'Ratio Deko' genannt). Obwohl es der Name suggeriert, gibt es kein einheitliches Konzept. Vergleicht man die unterschiedlichen Konzepte miteinander, stellt man erhebliche Abweichungen bei den Dekompressionszeiten fest. Dass es sich bei der Dekompressionstheorie nicht um eine exakte Naturwissenschaft handelt, ist eine Tatsache, die jeder Taucher akzeptieren muss. Inwieweit man sich auf Angaben teils unbekannter Autoren verlassen will, entscheidet das Risikobewusstsein jedes einzelnen. Anfänger im Technischen Tauchen sind mit 'Deko on the Fly' schnell überfordert. Fortgeschrittenen bietet es eine enorme Flexibilität.

Das Konzept ermöglicht es dem Taucher, ein Dekompressionsprofil anhand seiner aktuellen Tauchgangsdaten während des Tauchgangs zu erstellen. Grundsätzlich wird das Konzept in unterschiedliche Tiefensegmente eingeteilt, wobei der 33 - 45 Meter Bereich für das Kursniveau Advanced Nitrox / Deco Pro der relevante Bereich ist.
Für das erste Segment gelten folgende Grundregeln:

1. Bis zu einer Grundzeit von 40 Minuten entspricht die Dekozeit der Grundzeit.

2. Die Standardgase Luft und EAN50 (ab einer Grundzeit von 30 Minuten wird Sauerstoff als zweites Dekogas eingesetzt). Als Standardgas kann Luft auch durch ein Trimix 21/35 ersetzt werden. Der Einsatz von Trimixgemischen wird im TDI Kurs Trimix gelehrt.

3. Bei Reduzierung der Tiefe um 3 Meter werden 5 Minuten Dekozeit abgezogen. Erhöht man die Tiefe um 3 Meter werden 5 Minuten addiert.

4. Die Dekozeit wird paritätisch zwischen den Bereichen 21 - 9 Meter und 6 - 3 Meter aufgeteilt.

5. Beim Einsatz von Sauerstoff wird die gesamte Dekozeit im zweiten Bereich auf sechs Meter verbracht.

6. Die Aufstiegsgeschwindigkeit bis zum ersten Dekostopp beträgt 8 Meter / Min..

7. Die Aufstiegsgeschwindigkeit zwischen den Dekostopps beträgt 3 Meter / Min..

8. Deep Stopps nach 80 % Regel.

Ein Praxisbeispiel: Tauchtiefe 45 Meter / Grundzeit 35 Min. / Standardgase.

Die Tauchzeit entspricht der Dekozeit. In unserem Fallbeispiel also 35 Minuten. Diese Zeit wird in zwei Dekobereiche zu 18 und17 Minuten eingeteilt. Unterteilungen in Sekunden sind unsinnig und haben nichts mit der realen Tauchpraxis zu tun. Ein Deep Stopp auf 30 Meter macht Sinn für unser Fallbeispiel. Der 21 Meter Stopp beträgt immer 5 Minuten. Die Dekozeiten laufen S-förmig. Der direkte Vergleich mit der Tabelle zeigt deutliche Übereinstimmungen:

wie lange? auf welcher Tiefe?

SDI TDI

Atemgas	**Luft**	Tabelle			Deko on the Fly	
Dekogas	**50% / 100%**	**45**			**45**	
Tiefe		**35**	**35**		**35**	**35**
Zeit						
Stopptiefe						
30					1	37
24						
21	**Gaswechsel**	2	40		5	43
18		2	42		2	45
15		3	45		2	47
12		4	49		3	50
9		6	55		6	56
6	**Gaswechsel**	16	71		17	73

Es zeigt sich also, dass das empirische ‚Deko on the Fly'- Konzept funktioniert. Trotzdem gelten die eingangs gemachten Einschränkungen. Wer unter Wasser anfängt, seine Deko zu planen, benötigt ein gutes Maß an Erfahrung. Tauchanfänger sind damit schnell überfordert und verlieren die fürs Technische Tauchen so wichtige innere Ruhe. Wer während des Tauchgangs den Gedanken nicht aus dem Kopf bekommt, dass er noch seine Deko planen muss, der wird die Zeit unter Wasser nicht wirklich genießen. In diesem Fall sollte auf das altbewährte Konzept der ‚Runtime Tables' oder auf gaswechselfähige

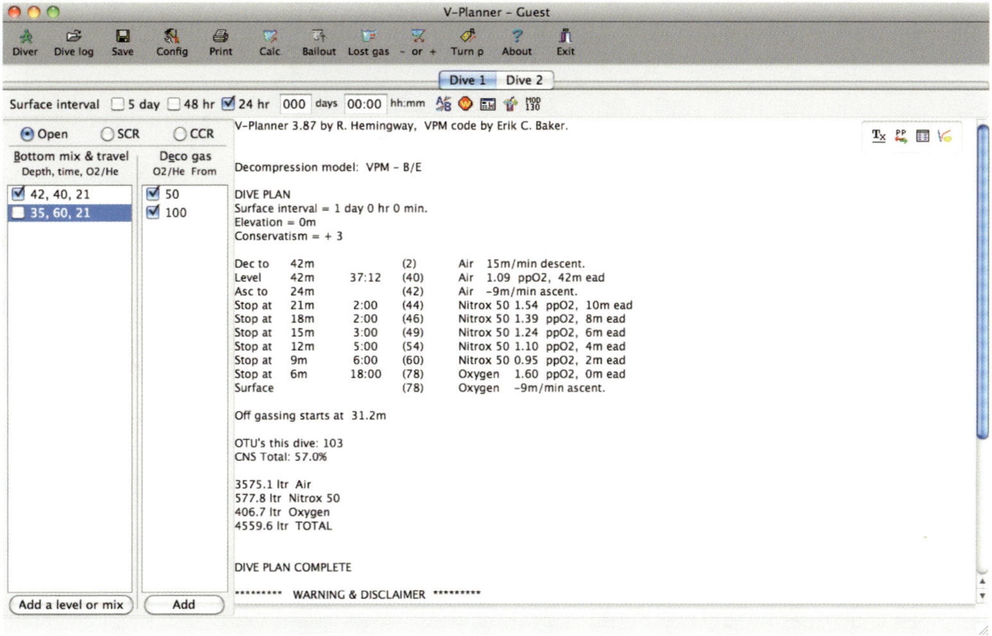

Tauchgänge können mit verschiedenen Dekoprogrammen berechnet und geplant werden.

Computer zurückgegriffen werden.
Dekosoftware und Computer

Eine der gängigsten Methoden zur Planung der Dekompression (und der weiteren relevanten Tauchgangsdaten) ist der Einsatz von Planungssoftware. Zu den populärsten zählen Deco Planner, GAP und V-Planner.

Wie bei jeder Software ist es wichtig, dass der User mit dem Programm vertraut ist. Eine ausführliche Einweisung ist unumgänglich. Jedes der oben genannten Programme bietet eine Vielzahl an Einstellmöglichkeiten, die Einfluss auf die Dekompressionszeit haben.

Dein TDI Tauchlehrer wird Dir im Rahmen Deines Kurses verschiedene Programme zeigen und erläutern. Plane verschiedene Tauchgänge und besprich das Ergebnis mit deinem Tauchlehrer.

Es gibt immer mehr Tauchcomputer, die in der Lage sind, Tauchgänge mit unterschiedlichen Gasen zu berechen. Die Vorteile liegen auf der Hand. Der Tauchcomputer berücksichtigt die realen Tauchgangsdaten, also die wirklich auf der entsprechenden Tiefe verbrachte Zeit. Im direkten Vergleich haben wir oft einen erheblichen Zeitgewinn. Ein Wracktauchgang, der für 30 Minuten auf 40 Meter geplant war, wird selten in genau dieser Zeit in der Maximaltiefe durchgeführt. Bei der Anschaffung eines Tauchcomputers sollte bedacht werden, dass der Advanced Nitrox / Deko Pro meist der Einstiegskurs ins Technische Tauchen ist.
Wer später Tauchgänge mit Trimix durchführen möchte, sollte dies schon früh berücksichtigen und sich einen trimixfähigen Tauchcomputer anschaffen.

Bei der Anschaffung eines Tauchcomputers sollte die Trimixtauglichkeit des Rechners zumindest in die Überlegung mit einbezogen werden.

4.03 CNS und OTU

Die Sauerstoffbelastung ist beim Technischen Tauchen erheblich und dies sowohl in Bezug auf die pulmonale Lungenbelastung, die in Oxygene Tolerance Units (OTU) gemessen wird, als auch in Bezug auf die neuronale Belastung des zentralen Nervensystems (Central Nerv System – CNS) (siehe Kapitel Physiologie).
Natürlich berechnen Softwareprogramme auch die CNS und OTU Belastungen, trotzdem muss ein Technischer Taucher in der Lage sein, Berechnungen im Kopf zu machen und sei es nur, um eventuelle Computerprobleme zu erkennen.
Die Berechnung erfolgt gemäss folgender CNS- und OTU-Tabelle :

PO_2bar	Einzeltauchgang	%CNS/min.	OTU / min	ZNS /Täglich
1.6	45	2.22	1.92	150
1.5	120	0.83	1.78	180
1.4	150	0.67	1.63	180
1.3	180	0.56	1.48	210
1.2	210	0.48	1.32	240
1.1	240	0.42	1.16	270
1.0	300	0.33	1.00	300
0.9	360	0.28	0.83	360
0.8	450	0.22	0.65	450
0.7	570	0.18	0.47	570
0.6	720	0.14	0.27	720

Sauerstoffdruck-Zeitgrenzen (Minuten)

Bei der Benutzung der Tabelle gibt es einige Regeln:

1.) Eine CNS-Belastung von 100 % sollte nicht überschritten werden.

2.) Falls während eines Einzeltauchgangs ein Wert von 80 % überschritten wurde, ist eine Oberflächenpause von mindestens zwei Stunden erforderlich.

3.) Ist eine tägliche Grenze erreicht, ist eine Oberflächenpause von mindestens 24 Stunden erforderlich.

4.) Für Wiederholungstauchgänge ist mit einer Halbwertzeit von 90 Minuten zu rechnen. Anders ausgedrückt: Nach 90 Minuten reduziert sich die ZNS-Belastung um die Hälfte.

Es gibt auch eine Formel von Dr. Bill Hamilton zur Berechnung der OTU-Belastung, die hier der Vollständigkeit halber aufgeführt wird, aber in der Praxis selten benutzt wird.

$$OTU \approx \frac{t(PO_2 - 0.5)^{0.83}}{0.5}$$

Ist nur ein Tauchtag geplant, ist eine OTU-Belastung von 850 durchaus akzeptabel. Befindet man sich allerdings auf einer mehrtägigen Expedition, muss die Tagesdosis

Anzahl Tauchtage	1	2	3	4	5	6	7	8	9	10	>10
Maximal-dosis OTU pro Tag	850	700	620	525	460	420	380	350	330	310	300
Gesamt-dosis	850	1400	1860	2100	2300	2520	2660	2800	2970	3100	3300

reduziert werden und zwar vom ersten Tag an. Folgende Tabelle gibt Auskunft über die OTU-Belastung pro Tauchtag:

Basierend auf diesem Praxisbeispiel, kann der Sauerstoffpartialdruck für die jeweiligen Tauchtiefen berechnet und die Werte aus der NOAA-Tabelle übernommen werden. Die Multiplikation dieser Werte mit der Tauchzeit ergibt die Gesamtbelastung (CNS und OTU)

Atemgas	**Luft**	**Tabelle**		**PPo_2**	**CNS / Min**	**CNS Gesamt**	**OTU / Min**	**OTU Gesamt**
Dekogas	**50% / 100%**	**45**						
Tiefe		**35**	**35**	1.16	0.48	16.8	1.32	46.20
Zeit								
Stopptiefe								
30								
24								
21	**Gaswechsel**	2	40	1.55	2.22	4.44	1.92	3.84
18		2	42	1.40	0.67	1.34	1.63	3.26
15		3	45	1.25	0.56	1.68	1.48	4.44
12		4	49	1.10	0.42	1.68	1.16	4.64
9		6	55	0.95	0.33	1.98	1.00	6.00
6	**Gaswechsel**	16	71	1.60	2.22	35.52	1.92	30.72
						63.44		**112.79**

auf der entsprechenden Tiefe. Diese Werte müssen addiert werden um die jeweilige Gesamtbelastung zu berechnen.

Sowohl die CNS-Belastung als auch die OTU-Belastung liegen im ‚grünen' Bereich. Der Unterschied in der CNS-Belastung zwischen der Berechnung und der Tabelle, ergibt sich aus der Tatsache, dass die Aufstiegszeit zwischen 45 und 21 Metern, dem 21 Meter-Stopp zugeordnet wurde, der aufgrund des Gaswechsels einen sehr hohen Sauerstoffpartialdruck aufweist.

4.04 Gasverbrauch

Den Abschluss der theoretischen Tauchgangsplanung bildet die Gasbedarfsplanung. Eine ‚out of gas'-Situation ist nicht akzeptabel. Sie führt zwangsläufig zum Tod oder zu

Ein gutes Gasmanagement ist eine der wichtigsten Grundlagen um sicher zur Oberfläche zurückzukehren.
Bild Raymund Mijdam.

einem schweren Tauchunfall, da das Auftauchen zur Oberfläche entweder direkt oder indirekt verhindert ist.
Bei der Berechnung des Gasverbrauchs benötigt man das Atemminutenvolumen (AMV). Dieser Wert ist nicht nur von Mensch zu Mensch sehr unterschiedlich, sondern auch situationsabhängig. Körperliche Belastung, aber auch psychischer Stress, können das AMV massiv erhöhen. Für jeden Technischen Taucher ist es wichtig, sein persönliches AMV zu bestimmen. Da es sich hierbei um einen Durchschnittswert handelt, ist es besser, so viele Tauchgänge wie möglich darauf zu verwenden. Also, Flaschendruck vor dem Tauchgang ermitteln, möglichst genaues Profil tauchen, dieses aufschreiben und dann den verbliebenen Flaschendruck nach dem Tauchgang feststellen.

Beispiel:

Während eines Tauchgangs von 25 Minuten auf 20 Meter verbraucht ein Taucher 110 bar aus einer 12 Liter Flasche. Zunächst muss der verbrauchte Druck in Liter umgerechnet werden (Flaschengröße x Druck): 110 bar x 12 Liter = 1320 Liter.

Da ein Minutenvolumen bestimmt werden soll, müssen die Liter noch durch die Zeit geteilt werden: 1320 Liter / 25 Min. = 52,8 Liter/Min.
Auch der Druckfaktor darf nicht unberücksichtigt bleiben, da ein AMV für die Wasseroberfläche gesucht wird: 52,8 Liter/Min. / 3 bar = 17,6 Liter / Min. AMV. Für die weiteren Berechnungen wird also ein AMV von 18 Liter die Minute zu Grunde gelegt.

Atemgas	Luft	Tabelle		Absoluter Druck	Gasverbrauch	
Dekogas	**50% / 100%**	**45**			18 Liter AMV	
Tiefe		**35**	**35**	5.5	3465	Bottom
Zeit					0	
Stopptiefe					0	
30					0	
24					0	
21	**Gaswechsel**	2	40	3.1	111.6	Deko 1
18		2	42	2.8	100.8	
15		3	45	2.5	135	
12		4	49	2.2	158.4	
9		6	55	1.9	205.2	Total: 711
6	**Gaswechsel**	16	71	1.6	460.8	Deko 2

Mit der Tabellenform erhalten wir einen genauen Überblick. Der bereits für CNS- und OTU-Berechnung herangezogene Tauchgang dient wiederum als Referenz.

Bei der Berechnung des Gasverbrauches wird also der absolute Druck mit der Zeit auf Tiefe und dem individuellen AMV multipliziert.

Die ermittelten Werte sind die realen Gasverbräuche und bieten keinerlei Sicherheitsreserven. Diese müssen unbedingt eingeplant werden, da eine Verlängerung der Tauchzeit, eine Erhöhung der Tauchtiefe oder eine Stresssituation sofort zu einer, gelegentlich auch drastischen, Erhöhung des Gasbedarfs führt.

Die bekannteste Sicherheitsregel ist die so genannte Drittelregel. 2/3 des zur Verfügung stehenden Gases werden für den Tauchgang verplant, 1/3 steht als Reserve zur Verfügung.

Das ergibt für den Bottom Mix, gemäss des oben genannten Beispiels, einen Gasbedarf von 6482.7 Liter (Rechnung: 3465 x 3 : 2 = 5197.5). Für diesen Tauchgang muss also ein mit 220 bar gefülltes Doppel 12 eingesetzt werden. (12 x 2 x 220 = 5280).

Sicherheitsreserven sind abhängig vom Tauchplatz und den Möglichkeiten, die dieser bietet. Für die Gasversorgung müssen auch folgende Überlegungen miteinbezogen werden: Dient mein Buddy als Reserve? Gibt es ein Support Team, das im Notfall Taucher mit Gas versorgen kann? Besteht die Möglichkeit, Depots anzulegen?

50+x Regel (i. Dekogase
x = 20bar immer?

Dekogase können nicht redundant mitgeführt werden, da sonst die Anzahl der benötigten Flaschen ein nicht handelbares Ausmaß annimmt. Somit dient der Tauchpartner als Reserve und darauf muss der Gasbedarf abgestimmt werden. Es gilt die 50 plus X Regel. Der real benötigte Gasvorrat wird verdoppelt und mit einem Sicherheitsaufschlag (zum Beispiel X = 20 bar) versehen.

Im Praxisbeispiel werden 711 Liter EAN 50 und 460.8 Liter reiner Sauerstoff als Dekogas benötigt. Somit reichen dem Taucher eine 80 und 40 cuff Aluminium Stage für die Deko. Die Problematik des Gasbedarfs ist eines der gewichtigsten Argumente gegen das Solo-Tauchen beim Technischen Tauchen.

wieviel Liter
80 cuft
40 cuft

4.05 Im Wasser

Eine adäquate Tauchgangsplanung ist eine Grundvoraussetzung für erfolgreiche Technische Tauchgänge. Doch auf die Planung erfolgt die Umsetzung unter Wasser. Besonders Tauchlehrer, die im technischen Bereich ausbilden, erleben häufig, wie sehr Taucher mit dem Umsetzen eines komplexen Tauchgangplans belastet sind.
Deshalb nachstehend ein paar wichtige Grundregeln, welche die Umsetzung vereinfachen.

1. Ruhe – Ruhe – Ruhe

Stress und Hektik haben beim Technischen Tauchen nichts zu suchen. Unter Zeitdruck steht nur derjenige, der sich nicht ordentlich vorbereitet hat. Bei Tauchgängen, die auf die Minute starten, muss rechtzeitig mit den Vorbereitungen begonnen werden. In der Ruhe liegt die Kraft und jede Aufgabe kann besser erfüllt werden, wenn sie aus einer überlegten und entspannten Ausgangssituation angegangen wird. Dies gilt auch unter Wasser.

2. Bubble Check

Insbesondere im offenen Gewässer herrschen an der Wasseroberfläche oft Bedingungen, die ein Verweilen unmöglich machen. Dann sollte sofort ein Bubble- und Partnerscheck auf 5 Meter durchgeführt werden. Hier wird, nach der kurzfristigen Hektik beim Einstieg, Ruhe ins Team gebracht. Sitz und Erreichbarkeit der Ausrüstung muss überprüft werden. Stages evtl. erneut unter Druck gesetzt werden, da durch den Sprung ins Wasser Systeme entlüftet werden können. Die eigene und die Ausrüstung des Partners können auf Leckagen untersucht werden. Dann gehen die Teams in Position zueinander und beginnen den Tauchgang. Die Zeit des Bubble Checks hat nichts mit der Tauchzeit zu tun. Sie bleibt unberücksichtigt.

3. Grundzeiten

Bei den ersten Technischen Tauchgängen sollte konservativ mit den Grundzeiten umgegangen werden. Reizt man Grenzen aus, kommt es beim Auftauchen häufig zu zeitlichen Engpässen - jedenfalls empfindet das der Taucher. Rechtzeitig die Tiefe verlassen und LANGSAM auftauchen. Das Einhalten der Aufstiegsgeschwindigkeit hat absolute Priorität für eine effektive Dekompression.

4. Deep Stopps

Wie bereits erklärt, werden Deep Stopps beim Technischen Tauchen immer durchgeführt. Exakte Tiefe und exakte Zeit sind dabei sekundär. Dies ist natürlich kein Freibrief dafür, eine exakte Planung über den Haufen zu werfen. Aber ob ein Stopp auf 60 oder 59 Meter für 50 oder 70 Sekunden durchgeführt wird, ist sekundär.

5. Runtime vs. Dekostopps

Runtime Tabellen sind ein probates und einfaches Mittel, die theoretische Planung unter Wasser umzusetzen. Was an Land wie eine präzise Wissenschaft aussieht, verliert unter Wasser schnell seine Genauigkeit. Auf die Minute genau zu tauchen, ist während der Dekompressionsphase fast unmöglich. Die meisten digitalen Tiefenmesser besitzen keine Sekundenanzeigen und das ist auch gut so. Sekunden sind keine relevante Maßeinheit beim Tauchen. So kommt es häufig vor, dass während der Dekompressionsphase die Runtime ‚wegläuft'. Die Dekostopps haben eine höhere Priorität als die Runtime. Im Zweifel lieber etwas länger auf Stopptiefe verweilen, als krampfhaft die Tauchzeit im Auge behalten. Gleiches gilt für die Auftauchphasen zwischen den Stopps. Langsamer ist besser.

6. Auftauchen

Das Auftauchen von 6 auf 0 Meter erfolgt in Ein-Meter-Schritten pro Minute. Dies ist sehr langsam und erfordert gute Tarierfähigkeiten. Insbesondere bei starkem Seegang ist es keine Schande, auf Hilfsmittel zurückzugreifen, wenn diese zur Verfügung stehen (Abstiegsseil, Dekorigg etc).

7. Buddies

Technisches Tauchen ist Team Tauchen! Der Buddy ist in vielen Situationen sehr wichtig. Ein guter Buddy ist aber nur derjenige, der bereit ist, sich auch um seinen Partner zu kümmern. Aufmerksamkeit ist während des ganzen Tauchgangs gefordert. Der Partner geht vor – immer!

Technisches Tauchen ist Team Tauchen!

Equipment und Ausrüstungskonfiguration

Kapitel 5

Das richtige Equipment und die richtige Konfiguration – kaum ein anderer Themenkomplex wird innerhalb der technischen Tauchgemeinde so leidenschaftlich und kontrovers diskutiert. Diskussionen können fruchtbar und gewinnbringend für alle Seiten sein, so lange sie sachlich geführt werden und der Meinungsaustausch im Vordergrund steht. Leider ist dies nicht immer der Fall. Häufig ersetzen persönliche Beleidigungen das sachliche Miteinander. Darunter leidet der themenbestimmte Disput, der doch gerade dann befruchtend ist, wenn lebhafte Diskussionen die guten Ideen, in unserem Fall Konfigurationen, voranbringen.

Dabei eins vorweg: Es gibt sie nicht – die allein selig machende Konfiguration. Dafür sind Tauchbedingungen weltweit zu unterschiedlich. Ganz abgesehen vom Faktor Mensch, dessen persönliche Bedürfnisse und Möglichkeiten ein so unglaublich breites Variationsfeld bieten, dass es vermessen wäre, alle Taucher dieser Welt in einen Maßanzug stecken zu wollen. Ein Höhlentauchgang in Florida ist in vielerlei Hinsicht nicht mit einem Wracktauchgang in der Irischen See zu vergleichen. Und wer glaubt, die absolute Wahrheit gefunden zu haben, und dies auch so postuliert, sollte bedenken, dass er in Zukunft sehr einfach an seinen Worten gemessen werden kann.

Eine gute Ausrüstungskonfiguration ist für den Einsatz umfangreicher Ausrüstung enorm wichtig.
Bild: Andy Kutsch.

1. Redundanz und Erreichbarkeit

Technisches Tauchen ist sicherlich eine Materialschlacht! Das Prinzip der Redundanz führt dazu, dass nahezu jedes Ausrüstungsteil doppelt mitgeführt wird. Hinzu kommt – natürlich auch abhängig von der verwendeten Gasreserveregel – dass zumindest vier Flaschen mitgeführt werden. Trotzdem muss der Technische Taucher sehr genau überlegen, welche Ausrüstung er mitnimmt. Generell gilt: So viel wie nötig – so wenig wie möglich! Dabei ist es genauso wichtig, dass die gesamte Ausrüstung erreichbar ist und gemäß ihrer Bestimmung eingesetzt werden kann. Was nützt eine absperrbare Brücke, wenn der Taucher, aufgrund einer falschen Konfiguration, das Handrad nicht erreichen kann? Dies führt unmittelbar zur Grundannahme Nummer zwei.

2. Das wichtigste Equipment: der Taucher

Das beste Equipment kann Sinn und Zweck nicht erfüllen, wenn der Taucher nicht in der Lage ist, dieses ordnungsgemäß einzusetzen. Für den Taucher spielen verschiedene Faktoren eine ganz wichtige Rolle. Theoretisches Wissen, körperliche Fitness und Training Training Training. Bestimmte Übungsabläufe müssen so lange geübt werden, bis sie im Schlaf beherrscht werden. Viele der Grundübungen beim Technischen Tauchen sind Notfallprocedere. Kommen in einer realen Notfallsituation, zum Beispiel beim S-Drill, Handlingsschwierigkeiten hinzu, erhöht sich der Stresslevel immens und das Panikrisiko steigt exorbitant.

3. Der psychologische Faktor

Der ‚Wohlfühlfaktor' wird häufig ignoriert, dabei ist er so unendlich wichtig. Die Psyche spielt beim Tauchen eine entscheidende Rolle. Vertrauen in die eigene Leistungsfähigkeit und die der Ausrüstung reduziert den Stresslevel beim Tauchen gewaltig und erhöht gleichzeitig das Vergnügen. Somit ist der ICH-Faktor entscheidend. Fühle ICH mich wohl bei diesem Tauchgang? Habe ICH Vertrauen zu meiner Ausrüstung? Es ist nicht entscheidend, was andere über mich und meine Ausrüstung denken. Es ist entscheidend, wie ich mich mit und in meiner Ausrüstung fühle. Dies kann im Umkehrschluss natürlich bedeuten, dass Tauchpartner nicht bereit sind, mit mir zu tauchen oder ich in bestimmten Gruppen, die Ausrüstungskonfigurationen vorgeben, nicht aufgenommen werde. Und das ist auch völlig in Ordnung. Der Tauchpartner (oder das Mitglied einer Gruppe) ist ein wichtiger Sicherheitsfaktor. Alle Beteiligten müssen sich miteinander wohlfühlen. Ist dies nicht der Fall, muss man getrennte Wege gehen.

Technisches Tauchen ist eine Materialschlacht. Die benötigte Ausrüstung geht weit über eine Standard-Sportausrüstung hinaus.

5.01 Backplate und Bebänderung

Das Kernstück der technischen Tauchausrüstung ist die Backplate und die Bebänderung. In der Regel ist die Backplate aus Edelstahl. Edelstahl ist nicht nur korrosionsbeständig, sondern auch relativ schwer, dadurch reduziert sich die benötigte Bleimenge und das Gewicht wird optimal verteilt. Backplates gibt es inzwischen in unterschiedlichen Formen und Aussparungen. Obwohl weitgehend standardisiert, sind nicht alle Plates und Wings kompatibel. Vor dem Kauf also unbedingt ausprobieren. Backplates mit sehr ausgeprägten Mittelpfalzen ermöglichen es, mehr P-Wheight (Plate – Blei) mitzuführen. Dies wirkt sich positiv auf den Trimm, also die Wasserlage des Tauchers, aus, weil das Blei noch näher am Körper positioniert wird als bei herkömmlichen V-Wheights, die zwischen den Flaschenpaketen liegen. Im Kapitel Trimm wird die Bedeutung von Backplate, Harness und Blei noch einmal ausführlich beschrieben.

Neben den Aussparungen für die Bebänderung sind Plates rund herum gelocht, um Lampenkanister und Argonflasche befestigen zu können. Ein Lochsieb sollte die Backplate trotzdem nicht sein, da jedes Loch den Abtrieb verringert.

Eine Basisbebänderung besteht aus einem durchgehenden, steifen 50 mm Gurtband, zwei 30° gekröpften D-Ringen, die leicht oberhalb der Brust positioniert werden und einem D-Ring mit Stegschieber, der auf der linken Seite mittig auf der Körperachse angebracht wird. Im Schrittgurtband befindet sich ein weiterer D-Ring, an dem ein Scooter befestigt werden kann. Diese Anordnung sieht vor, dass Stages ausschließlich links getragen werden. Am rechten oberen D-Ring wird der Lampenkopf eingehängt. Die linke Seite bleibt frei. Stages, die dort befestigt werden, beeinträchtigen den Vortrieb des Scooters. Auf Schnallen, abgesehen von der Bauchgurtschnalle, wird verzichtet, da sie als Schwachstellen (Bruchgefahr) angesehen werden.

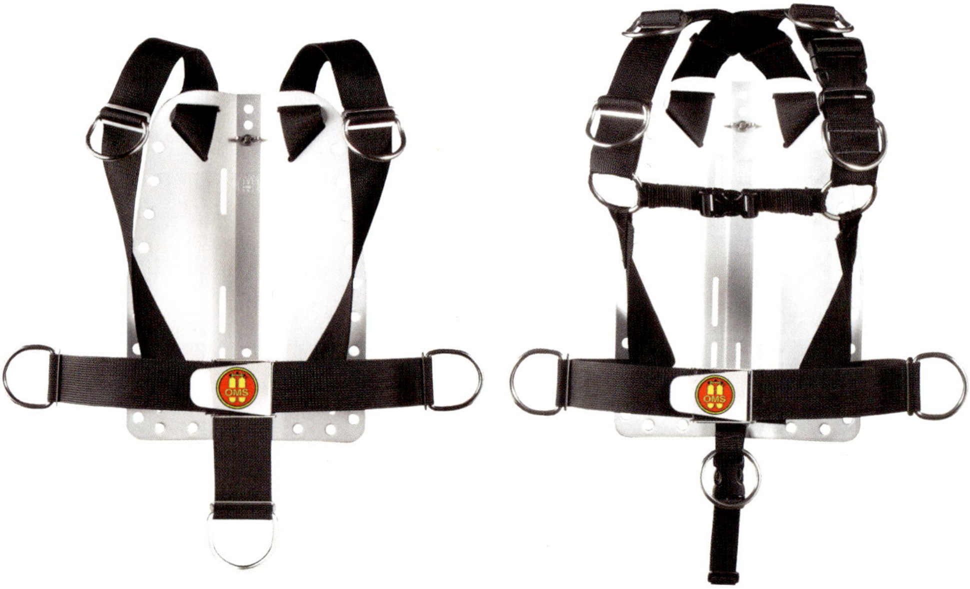

Backplate und Bebänderung sind das Herzstück der Ausrüstung. Das ‚Rigging' gibt es in den unterschiedlichsten Ausstatttungsvarianten und kann so den Bedürfnissen und Wünschens des Tauchers angepasst werden.

Diese Basiskonfiguration kann den unterschiedlichen Bedürfnissen angepasst werden. Wird kein Scooter eingesetzt, kann eine Stageflasche auf der rechten Seite getragen werden, das wirkt sich positiv auf den Wasserwiderstand aus und erleichtert das Handling. Der Longhose vom Primary Atemregler (siehe Atemregler und Schlauchführung) befindet sich unterhalb der Stage. Im Notfall ist dieser schwieriger zu befreien und Zeit kann in Notfällen eine Rolle spielen. Ein Procedere (Buddy out of Gas – Versorgung durch Primary am Longhose), welches immer wieder geübt werden sollte, unabhängig davon, welche Konfiguration gewählt wird. Der vollständige Verzicht auf Schnallen erschwert das An- und Ausziehen des Gerätes erheblich. Das kann besonders dann von Nachteil sein, wenn das Gerät an der Wasseroberfläche abgelegt werden muss, um wieder ins Tauchboot zu gelangen. Nach anspruchsvollen technischen Tauchgängen, mit langen Grund- und Dekompressionszeiten, ist es überhaupt nicht ratsam, an Bordwänden mit Gerät die Leiter hochzuklettern. Es ist sinnvoll, das Gerät abzulegen, und vom Support Team an Board bringen zu lassen. Bei hohem Wellengang, kombiniert mit Strömung, kann das Ablegen einer eng geriggten Bebänderung zur Tortur werden. Eine Schnalle ist in diesem Falle hilfreich. Wer die Bruchgefahr von Kunststoffschnallen als zu hoch einschätzt, kann diese durch Gurtband sichern oder aber auf Schnallen zurückgreifen, die im Klettersport oder beim Fallschirmspringen eingesetzt werden.

Überstehende Gurtbandenden oder lose rumhängendes ‚Zeug' ist nicht akzeptabel. Zu groß ist das Risiko, dass man sich in engen Passagen, egal ob im Wrack oder in der Höhle, damit verfängt. Enden werden mit Stücken von Fahrradschläuchen an der Bebänderung fixiert, damit sie nicht rumhängen. Verschiedene Hersteller liefern ihre Bebänderungen bereits bestückt aus. Ist das nicht der Fall, unbedingt vorher darüber nachdenken, wo Befestigungen benötigt werden und vor der Montage mit Schläuchen versehen. Lieber ein Gummiband zuviel (kann nachher weggeschnitten werden), als das gesamte Gurt-

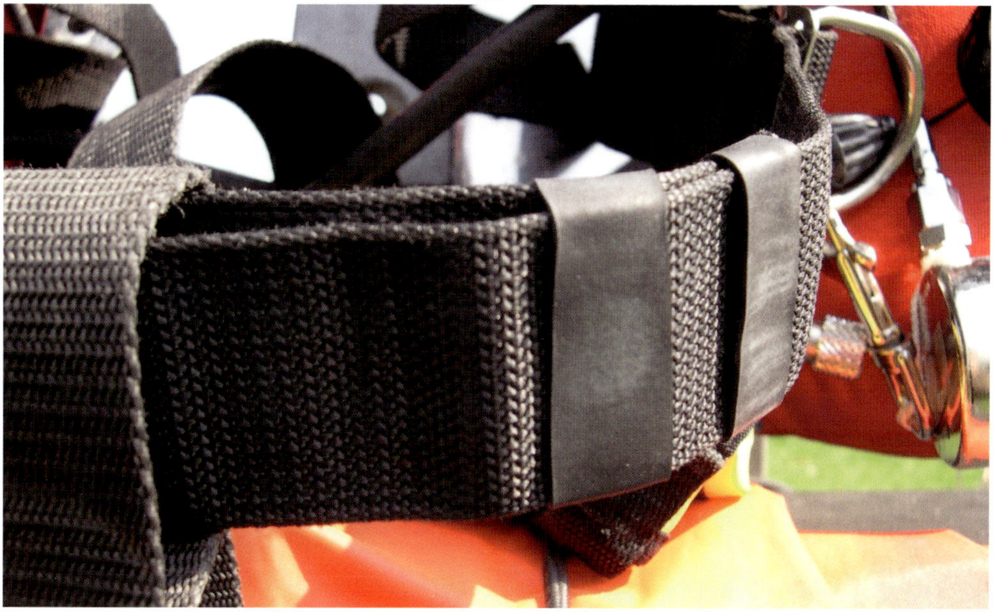

Gummischläuche sind sehr hilfreich um überstehende Gurtbandenden sauber zu fixieren.

band wieder ausfädeln und die Montage von vorne beginnen. Auch für die Backup Lampen, wenn diese auf dem Rigging untergebracht werden, sind Gummischläuche hilfreich.
Auf einen Schrittgurt sollte keinesfalls verzichtet werden, egal welche Bebänderung gewählt wird. Der Schrittgurt verhindert das lästige Hochrutschen der gesamten Tariereinheit. Auch befindet sich an ihm die Befestigungsmöglichkeit für den Scooter.

5.02 Wings

Für Technische Taucher kommt tatsächlich nur ein Wing als Auftriebskörper in Frage. ADV und Stabilizing Jackets haben große Luftkammern im Frontbereich, die sind insbesondere für die Positionierung und Befestigung der Stages ungünstig.
Wing Jackets halten den Frontbereich frei und haben eine höhere Stabilität unter Wasser, da der Taucher in der Rückenblase wie in einem Fallschirm hängt. Die oft aufgestellte Behauptung, dass Wing Jackets an der Oberfläche keine sichere und stabile Lage bieten, bestätigt sich in der Praxis, zumindest für erfahrene Taucher, nicht.
Fast alle Wing Jackets, die im Technischen Tauchen eingesetzt werden, sind zweischalig. Eine gute Außenhülle besteht aus einem 1000er Cordura Nylon, welches zusätzlich über eine Innenbeschichtung verfügt. Diese Kombination schützt die Innenhülle vor äußeren Beschädigungen, z.B. durch scharfkantige Wrackteile oder andere spitze Gegenstände.
Während über Typ und Material weitgehend Einigkeit besteht, werden Form und Ausstattung der Wings kontrovers diskutiert. Es geht um drei unterschiedliche Ausstattungsvarianten.
Sogenannte Double Bladder Bungee Wings bieten zwei Auftriebskörper, die in eine Schutzhülle integriert werden. Dies erfüllt perfekt das Prinzip der Redundanz. Nachteilig ist das größere Materialvolumen. Aus diesem Grunde wird dieser Typ Wing immer mit elastischen Silikonbändern (Bungees) versehen, die dafür sorgen, dass die Wings zusammen-

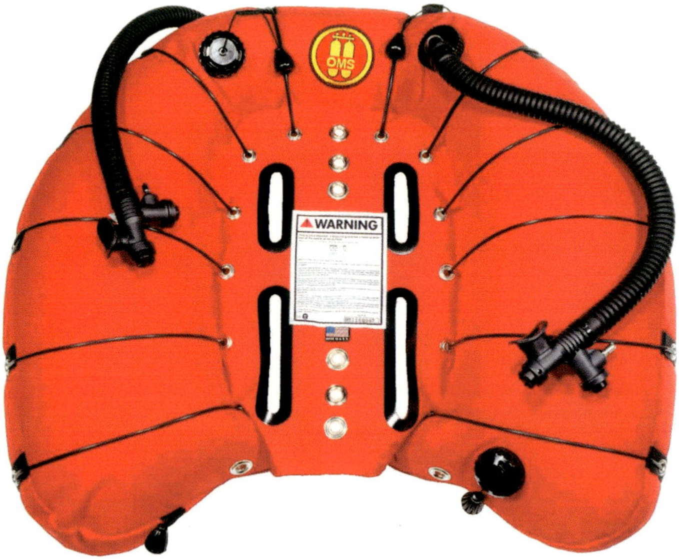

Wings sind die erste und einzige Wahl fürs Technische Tauchen – darüber besteht Einigkeit. Form und Ausstattung können aber stark varriieren.

gezogen werden und somit das Volumen immer auf die kleinste Größe reduziert wird. Hinzu kommt, dass eingeschlossene Luft durch die Bungees rausgedrückt wird. Dies ist auch der Grund, warum einblasige Wings teilweise mit Bungees ausgestattet werden. Bungees müssen sehr sorgfältig (stramm) montiert werden, sonst besteht die Gefahr des Hängenbleibens, da lockere Silikonbänder sehr leicht Schlaufen bilden.
Puristen schwören auf einschalige Jackets, deren Auftriebsstärke im Bestfall noch auf die Flaschengröße abgestimmt wird (Eine Doppel 7 wird mit einem 40 lbs Jacket getaucht, Doppel 12 und größer mit 55 lbs Wings – ein lbs entspricht ungefähr 0,45 Liter). Bungees werden nicht verwendet. Der Trockentauchanzug dient in diesem Falle als redundanter Auftriebskörper. Ursprünglich galt die Hufeisenform als das Non-Plus-Ultra, also ein Wingkörper mit Flügeln links und rechts, die im Schulterbereich verbunden sind. In den letzten Jahren sind Wings hinzugekommen, die umlaufende Blasen haben, also nicht nur im Schulter- sondern auch im Hüftbereich verbunden sind. Dies reduziert den Wasserwiderstand, da ein höheres Auftriebsvolumen bei kleineren Seitenflügeln erreicht wird. Außerdem soll das Ablassen der Luft, insbesondere beim Aufstieg, erleichtert werden, da die Luft über den unteren linken Schnellablass abgelassen wird und die Hüftverbindung dazu führt, dass auch die rechte Seite des Wings entleert wird, ohne dass der Taucher die horizontale Lage verlässt.
Die Zusatzaustattung der Wings wird so minimalistisch wie möglich gehalten. Mehr als ein Schnellablass kommt nicht zum Einsatz, da versucht wird, mögliche Schwachstellen zu vermeiden. Ob das Zugseil mit einer Zughilfe ausgestattet ist (Kugel / Bommel) obliegt den persönlichen Vorlieben des Tauchers. Die Wahrscheinlichkeit des Hängenbleibens an einem dieser Teile ist gering. Besonders bei Tauchgängen in kaltem Wasser, mit dicken Handschuhen, ist das Betätigen des Schnellablasses leichter, wenn nicht nur an einem dünnen Kördelchen gezogen werden muss.

Inflatorkupplungen für Trocki und Wing dürfen unterschiedlich aussehen, sollten aber immer den gleichen Anschluss haben. Auch der Tauchpartner sollte die gleichen Anschlüsse verwenden.

Auf Zugseile im Faltenschlauch wird meist verzichtet, da diese, aufgrund starker Hebelkräfte, die Verschraubungen und Dichtungen stark belasten. Beschädigungen an dieser Stelle führen zu schlagartigen Auftriebsverlusten, da der höchste Punkt des Wings unmittelbar betroffen ist.
Der Faltenschlauch des Wings sollte mit der Bebänderung verbunden sein, entweder über eine Schlaufe am linken oberen D-Ring oder über Gummis (die schon erwähnten Fahrradschläuche) die um das Gurtband gezogen werden. Lose baumelnde Inflatoren sind mehr als nur lästig, da sie sehr ungünstige Positionen einnehmen können und im Bedarfsfall nur sehr schwer zu erreichen sind. Gesicherte Inflatoren sind stets griffbereit und erleichtern die Tarierung ungemein. Auch der Inflatorschlauch, welcher parallel zum Faltenschlauch läuft, wird über Gummiringe gesichert.
Die eingesetzten Inflatorkupplungen sollten identisch sein. Wenn Trockentauch- und Winganschluss über die gleichen Kupplungen verfügen, können im Bedarfsfall Inflatorschläuche unterschiedlich eingesetzt werden.

5.03 Atemregler und Schlauchführung

Wie auch beim Sporttauchen kommt den Atemreglern beim Technischen Tauchen eine besondere Bedeutung zu. Die einwandfreie Funktion sichert das eigene Überleben. Wer auf 100 Meter Tiefe nicht in Atemnot geraten möchte, sollte auf Regler aus der Hoch-leistungsklasse zurückgreifen. Atemcharakteristika und Atemwiderstände spielen eine bedeutende Rolle.
Wichtig ist auch die Anordnung der Nieder- und Hochdruckabgänge, da diese wesentlich die Schlauchführung bestimmen. Wie populär Technisches Tauchen inzwischen ist, lässt sich auch daran absehen, dass verschiedene Hersteller Erste Stufen anbieten, die speziell für diesen Einsatzzweck designed wurden.

an jeder ersten Stufe sind hier 3 Anschlüsse +4 belegt

Speziell für das Technische Tauchen entwickelte Stufen bieten eine optimale Schlauchführung.

Letztendlich spielt die Marke der Atemregler eine untergeordnete Rolle. Dass Atemregler redundant vorhanden sein müssen, steht völlig außer Zweifel und dass eine Zweite Stufe über einen Longhose verfügen muss, wird von keinem Technischen Taucher mehr ernsthaft in Frage gestellt. Der Longhose hat eine Länge von knapp über zwei Meter, was aber nicht zu einer spürbaren Erhöhung des Atemwiderstandes führt. In einer Notfallsituation erleichtert der lange Schlauch die Partnerarbeit. Wer dies nicht glauben mag, sollte versuchen mit seinem Tauchpartner einen Aufstieg mit einem Standard Octopus zu machen, wenn beide Taucher drei Stages mitführen. Nach dem Versuch wechseln die meisten Taucher sehr schnell auf längere Schläuche. Eine Praxis, die auch in der Sporttaucherei die Sicherheit beim Tauchen erhöhen würde. Die Länge von ca. zwei Metern beruht auf der Tatsache, dass Taucher in der Lage sein müssen, Restriktionen in einem Wrack oder einer Höhle hintereinander durchschwimmen zu können, ohne von der Gasversorgung abgeschnitten zu werden.

Diskutiert wird jedoch weiterhin, wie der Longhose ‚getragen' wird und ob der ‚out of gas' Taucher den Automaten erhält, aus dem der Gasspender gerade atmet oder den Ersatzautomaten.

Bei der Variante A wird der Longhose am Rückenpaket verstaut und im Notfall wird dieser Automat aus den Schlaufen gezogen und an den Tauchpartner ohne Gas weitergegeben. Der Luftspender behält die ganze Zeit seinen Hauptatemregler im Mund, ist also permanent mit Gas versorgt und wird keinem zusätzlichen Stress ausgesetzt.

In Variante B wird der Schlauch unter dem Lampentank an der rechten Seite geführt und läuft dann diagonal über den Körper, hinter den Kopf des Tauchers. Der Automat an der Longhose ist in diesem Fall der Primary Atemregler, also der Hauptautomat, welcher im Notfall an den Partner weitergegeben wird. Psychologisch gesehen wirkt sich dies positiv auf den Taucher in Not aus, da er einen Atemregler erhält, der wenige Augenblicke vorher noch im Einsatz war. Das Procedere ist relativ simpel. Der Luftspender bewegt sein Kinn nach unten, wodurch der Weg für den Schlauch frei ist und gibt den Regler an den Luftempfänger. Danach zieht er ihn unter dem Lampentank heraus, wodurch die volle Länge innerhalb von Sekunden zur Verfügung steht. Der ‚Secondary Atemregler' wird über ein Necklace sehr knapp unterhalb des Halses getragen und steht dem Luftspender direkt zur Verfügung. Im besten Fall kann der Luftspender den Automaten mit dem Mund aufnehmen, ohne dafür seine Hände zu benutzen. Necklace gibt es inzwischen von verschiedenen Firmen fertig zu kaufen, können aber auch sehr einfach aus elastischem Band selbst gefertigt werden. Helme und Stages auf der rechten Seite behindern das beschriebene Prozedere, machen es aber nicht unmöglich.

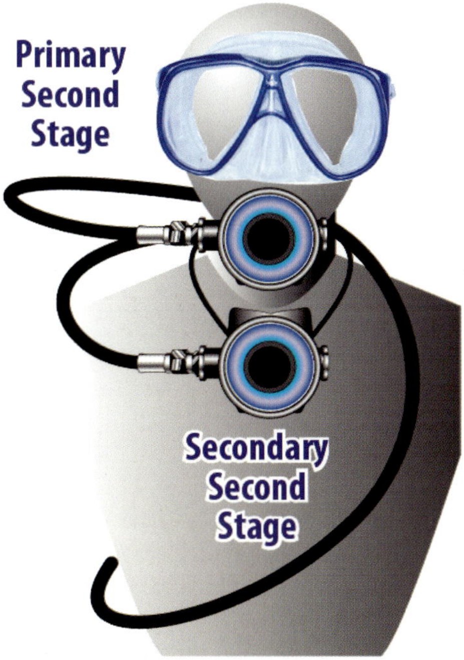

Eine der populärsten Varianten der Schlauchführung. Der Taucher führt den Longhose eng am Körper vorbei und gibt im Notfall seinen Primary Atemregler an den Partner ohne Gasversorgung.

Egal welche Variante gewählt wird: Auch Notfallprocedere sollten permanent geübt werden. Intensives Training sorgt im Ernstfall nicht nur für einen schnellen reibungslosen Ablauf, sondern bringt auch ein Gefühl der Sicherheit, da die Partner wissen, dass sie sich im Notfall aufeinander verlassen können.
Der Primary Atemregler sollte im Anschlussbereich der Zweiten Stufe mit einem Bolt Snap versehen werden. Dadurch kann dieser, beim Wechsel auf die Stages, in den oberen rechten D-Ring eingehängt werden, ist gesichert und baumelt nicht störend in der Gegend herum. Metall auf Metall-Verbindungen sollen so weit wie möglich vermieden werden, da diese unter Wasser nicht zu lösen sind, wenn man sich damit verfängt. Der Bolt Snap wird also mit Hilfe von Cave Leine oder einem O-Ring befestigt, diese können im Notfall mit einem Messer zerschnitten oder sogar abgerissen werden. Dies gilt übrigens für alle Bolt Snaps, die zum Einsatz kommen.

Die 2. Stufe mit dem Long Hose sollte über einen Karabiner verfügen, damit sie weggehangen werden kann. Deutlich zu sehen: Der Karabiner ist über einen O-Ring mit dem Schlauch verbunden.

An die Primary Erste Stufe wird nur noch ein Inflatorschlauch angeschlossen. Je nach gewähltem Wing (Double oder Single Bladder) der Schlauch für die Haupt- bzw. Ersatzblase. Bei einer Double Bladder empfiehlt es sich, den Faltenschlauch zwischen Wing und Flaschenpaket zu führen und über ein Bungee zu sichern. In dieser Position lässt sich der Inflator im Bedarfsfall problemlos erreichen und bedienen. Bei der gesamten Schlauchkonfiguration muss unbedingt darauf geachtet werden, dass die Schlauchlänge so optimal gewählt wird, dass es keine unnötigen Überstände oder sogar Schlaufen gibt. Überstände und Schlaufen erhöhen nicht nur den Wasserwiderstand, man kann sich auch sehr einfach mit ihnen verfangen.

Wo wird Primary erste Stufe angeschlossen Rechts oder links?

Warum vereisen Atemregler?

Zwei physikalische Effekte sind verantwortlich für das Vereisen von Atemreglern: Die adiabatische Expansion und der Joule-Thompson-Effekt.

Adiabatische Expansion:

Wird der Druck in einem geschlossenen Behälter erhöht, reduziert sich der Abstand zwischen den einzelnen Luftmolekülen, sie stoßen häufiger zusammen und bewegen sich daher schneller. Wird die Luft nun schnell entspannt, tritt der umgekehrte Vorgang ein. Der Abstand zwischen den Molekülen wird größer, sie bewegen sich langsamer und das Gas kühlt sich ab. Genau dies passiert beim Tauchen. Der Druck sinkt und das verbleibende Gas in der Flasche kühlt sich ab. Die Stärke der Abkühlung ist dabei abhängig von der Druckentnahme und dem vorherrschenden Flaschendruck. Generell kann man sagen, je höher die Druckabnahme, desto größer die Abkühlung. Die adiabatische Expansion ist jedoch von untergeordneter Bedeutung, da der Flasche permanent Wärmeenergie über das Wasser zugefügt wird.

Joule-Thompson-Effekt:

Der Joule-Thompson-Effekt hat bei der Vereisung von Atemreglern die deutlich höhere Bedeutung. Zwischen Luftmolekülen sind Bindungskräfte wirksam. Je höher der Druck, desto größer sind diese Bindekräfte. Entspannt sich das Gas, müssen diese Kräfte überwunden werden. Dazu wird Energie benötigt, das Gas kühlt sich ab.
Die Stärke der Abkühlung ist also abhängig von der Strömungsgeschwindigkeit sowie der Menge der entspannten Luft und dem Differenzdruck.

Dieser Effekt macht sich besonders deutlich bemerkbar, wenn ein Gas eine Engstelle passieren muss, zum Beispiel innerhalb der Ersten Stufe. Die Zeit, die das Gas benötigt, eine bestimmte Stelle zu passieren, ist auch abhängig von der Größe der Engstelle. Je größer diese Öffnung, desto geringer ist die Zeit, die eine bestimmte Gasmenge (Strömungsgeschwindigkeit) benötigt, die entsprechende Stelle zu passieren. Je geringer die Zeit, desto geringer die Abkühlung. Aus dem Zusammenspiel dieser Faktoren ergibt sich, dass die Abkühlung mit höherem Flaschendruck nicht immer stärker wird. Bei sehr hohem Flaschendruck würde sich die Luft ab einem bestimmten Druck sogar wieder erwärmen (Inversionspunkt).

Die physikalischen Eigenschaften des Gases sind entscheidend. Bei Helium liegt der Inversionspunkt so niedrig, dass es sich immer erwärmen würde.

Der kritischste Punkt für eine Vereisung liegt bei ca. 170 bar Flaschendruck. Hinzu kommt, dass der Taucher sich bei diesem Druck in großer Tiefe befindet und die Gasentnahme entsprechend hoch ist. Die Luft kühlt sich am Ventil der Ersten Stufe um nahezu 20° C ab. Da die Kälte ja auch auf Ventil, Gehäuse der Ersten Stufe und Flaschenhals übertragen wird, kühlt sich auch die Atemluft weiter ab. So ist es unter ungünstigen Umständen möglich, dass sich der Kolben in der Ersten Stufe bis auf -35° C abkühlen kann.

Der Niederdruckschlauch der Secondary Zweiten Stufe hat eine Länge von 56 - 60 cm. Wird er zu kurz gewählt, kommt es beim Einsatz zu unangenehmen Spannungen und der Taucher kann seinen Kopf nicht mehr frei bewegen, da der Atemregler bei Kopfdrehungen nach links aus seinem Mund gezogen wird. Wie bereits erwähnt, ist dieser Atemregler immer mit einem Necklace ausgestattet. An dieser Ersten Stufe wird auch das Finimeter angeschlossen. Der Hochdruckschlauch hat ungefähr die gleiche Länge (56-60 cm). Dieser Schlauch wird zwischen Körper und Wing geführt und am unteren linken D-Ring befestigt und mittels Bolt Snap befestigt. Es besteht die Möglichkeit, einen zweiten D-Ring auf die Bebänderung aufzufädeln, der ausschließlich das Finimeter aufnimmt. Dies erleichtert insbesondere dann das Handling, wenn sehr viele Stages zum Einsatz kommen. Zum Ablesen muss das Finimeter vom D-Ring gelöst und vor den Körper gezogen werden. Anschließend wird es wieder eingehängt. Obwohl das im ersten Moment recht kompliziert erscheint, ist die Schlauchführung unter Berücksichtigung der oben genannten Punkte optimal und das Procedere ist mit ein wenig Übung leicht durchzuführen. Der Gasdruck wird auch nur an ganz bestimmten Punkten während des Tauchgangs kontrolliert. Wie im Kapitel Tauchgangsplanung beschrieben, ist die Gasplanung bei technischen Tauchgängen extrem wichtig. Somit dient das Finimeter ‚nur' zur Überprüfung, ob ein technischer Defekt vorliegt, der den Gasverbrauch überproportional erhöht. Dies geschieht an vier Punkten während des Tauchgangs. 1. Bubble Check auf 5 Meter. 2. Erreichen der Maximaltiefe. 3. Nach Ablauf der halben Grundzeit. 4. Vor dem Auftauchen (Bei extrem langen Tauchgängen sollte das Finimeter während der Grundzeit häufiger kontrolliert werden). Sollte sich der Flaschendruck zwischen 1. und 2. nicht verändert haben, liegt dies meist an einer geschlossenen Brücke, die dann natürlich geöffnet werden sollte. Finimeter mit Metallgehäuse sind zweifelsfrei robuster als solche mit Kunststoffgehäuse. Schutzhüllen verdecken häufig Leckagen am Schlauchanschluss und machen darüber hinaus das Finimeter unnötig breit und sperrig. Sie sollten also entfernt werden.

Zwei weitere Niederdruckschläuche können an dieser Stufe angeschlossen werden. Zum einen der Inflatorschlauch für den Trockentauchanzug, wenn keine Argonflasche benutzt wird und zum anderen, der Inflatorschlauch für das Wing, wenn ein Double Bladder zum Einsatz kommt. Wie schon erwähnt, sollten alle Inflatorschläuche über dieselbe Anschlusskupplung verfügen, damit sie ggfs. untereinander umgesteckt werden können. Auch der Inflatorschlauch vom Trockentauchanzug wird zwischen Wing und Körper geführt, kommt unterm Arm nach vorn und wird unter der Bebänderung zum Einlassventil geführt.

5.04 Doppelgeräte

Technische Tauchgänge werden mit enormen Sicherheitsreserven in Bezug auf das benötigte Gas geplant (siehe Kapitel Tauchgangsplanung). Leider hat dies zur Folge, dass für fast alle Tauchgänge großvolumige Doppelgeräte eingesetzt werden müssen, aber eine ‚out of gas situation' ist absolut inakzeptabel. Natürlich verfügt auch eine Mono 20 über ein recht großes Gasvolumen, doch Wasserlage und Trimm eines solchen Gerätes sind dermaßen schlecht, dass Technische Taucher den Nachteil des höheren Gewichts einer Doppel 12 gerne in Kauf nehmen. Ein weiterer, nicht unerheblicher Vorteil eines Doppelgerätes ist die vorhandene Redundanz. Im Falle eines Ventil- oder Atemreglerproblems kann die entsprechende Seite gesperrt und komplett auf die zweite Flasche gewechselt werden. Aber nicht alle Doppelgeräte eignen sich uneingeschränkt für das Technische Tauchen. Flaschengröße und Volumen müssen in einer günstigen Relation zueinander stehen, um einen optimalen Trimm, beziehungsweise ein optimales Handling zu gewähren. Das schlimmste Negativbeispiel ist sicherlich eine Doppel 12 aus kurzen Flaschen (204 mm Durchmesser). Hierbei ist die Flaschenlänge dermaßen ungünstig, dass sie fast untauchbar sind. Zum einen wird der Schwerpunkt derart zusammengezogen, dass eine stabile Wasserlage kaum erreichbar ist und zum anderen sitzen die Ventile viel zu tief, als dass sie vom Taucher erreicht werden könnten. Letzteres ist, wie schon in den einleitenden Worten zu diesem Kapitel erwähnt, ein wichtiges Kriterium. Was nützt die beste und redundante Technik, wenn sie im Notfall nicht eingesetzt werden kann? Folgende Flaschengrößen haben sich in der Praxis sehr gut bewährt: Doppel 7, Doppel 12 lang (171 mm Flaschendurchmesser) und Doppel 18. Diese drei Typen bieten eine hervorragende Wasserlage und die Ventile können problemlos sehr hoch angesetzt werden, ohne dass der Taucher kopflastig wird. Doppel 15 und Doppel 20 können auch eingesetzt werden, bieten aber einige Nachteile. Die Doppel 15 ist nur unwesentlich leichter als die Doppel 18, ist aber etwas kürzer und bietet 6 Liter weniger Gasvolumen. Eine Doppel 20 ist für viele Taucher zu lang und die Flaschen liegen auf den Oberschenkeln, was auf Dauer unangenehm ist.

In kalten Gewässern werden ausschließlich Stahlflaschen eingesetzt. Trockentauchanzug und Unterzieher erzeugen soviel Auftrieb, dass Doppelgeräte aus Aluminium die benötigte Bleimenge nur noch weiter steigern würden.

Die Flaschen werden mit breiten und stabilen Edelstahlschellen verbunden, die ein Verrutschen verhindern sollen. Besteht die Möglichkeit, dass die Flaschen sich unterschiedlich bewegen (zum Beispiel beim Absetzen auf unebenen Untergründen) wirken gewaltige Scherkräfte auf die Brücke. Radial dichtende Brücken sind unempfindlicher als axial dichtende Brücken. Muss das Flaschenpaket überhaupt gebrückt sein? Sicherlich können auch Independent Doubles eingesetzt werden, also Flaschen die nicht miteinander verbunden sind. Dies zwingt den Taucher aber dazu, immer zwischen Flasche A und B zu wechseln, was sicherlich kein allzu großes Problem darstellt, jedoch den Tauchkomfort einschränkt. Wird das regelmäßige Wechseln vergessen, und die Flaschen hintereinander leergeatmet, ist das Prinzip der Redundanz nicht gewährleistet. Völlig unsinnig sind nicht absperrbare Brücken, da die Flaschen damit nicht separiert werden können und je nach Beschädigung ein kompletter Gasverlust die Folge ist.

Die Position der Schellen bestimmt unmittelbar auch die Position der Ventile. Diese sollten möglichst hoch über die Schulter herausragen, damit der Taucher sie problemlos erreichen kann. Selbst der beste Trockentauchanzug schränkt die Bewegungsfreiheit, insbesondere in Kombination mit dicken Unterziehern, deutlich ein. Sitzen die Flaschen zu tief, ist es für den Taucher unmöglich, die Ventile zu erreichen. Werden die Flaschen zu hoch geschoben, wird die ganze Einheit zu kopflastig und verhindert eine optimale Wasserlage. Hier hilft nur ausprobieren. Ein paar cm höher oder tiefer können schon einen gewaltigen Unterschied ausmachen. Also Flaschen montieren, ab ins Wasser, ausprobieren, Valve Drill trainieren und Trimm kontrollieren. Sind die Flaschen nicht oder nur schlecht erreichbar, müssen die Schellen etwas runter. Ist der Trimm sehr kopflastig, müssen die Schellen etwas hoch.

Um die Griffigkeit der Handräder zu erhöhen sollten Rubber Knops montiert werden. Diese werden aus Gummi gefertigt (normale Handräder sind aus Hartkunststoff) und die Rillen sind deutlich ausgeprägter, das erleichtert das Öffnen und Schließen der Ventile um ein Vielfaches. Ventile sind beim Technischen Tauchen immer ganz geöffnet. Die in der Sporttaucherei gängige Praxis, das Ventil nach dem Öffnen wieder eine halbe Umdrehung zu schließen, kann im Ernstfall zu Unsicherheiten über die Drehrichtung führen.

Ventilschützer, so genannte Cobra Guards, sind nicht nötig, wenn die Flaschen in normaler Position, mit den Ventilen nach oben, getaucht werden. Anders sieht es aus, wenn die

Upside Down Konfiguration und Ventilfernbedienungen

Von Zeit zu Zeit wird in den entsprechenden Internetforen oder Fachmagazinen die Frage diskutiert, ob eine Upside Down Konfiguration, wie sie von Feuerwehren und Rettungskräften an Land eingesetzt wird, nicht die Erreichbarkeit der Ventile erleichtert und somit das Procedere im Notfall beschleunigt. Upside Down heißt, die Flaschen werden mit den Ventilen nach unten getragen. Die Grundannahme ist dabei völlig richtig: Die Ventile befinden sich in Hüfthöhe und können vom Taucher ohne jegliche Anstrengungen erreicht werden. Aber dieser Vorteil wird mit einem extrem großen Aufwand erkauft. Natürlich müssen die Ventile durch Cobra Guards (Protektoren aus Metall, die an den Flaschenhälsen montiert werden) geschützt werden, da die Flaschen auf der unteren Seite abgesetzt werden und sich dort Ventile und während des Einsatzes auch die montierten Atemregler befinden. Auch unter Wasser befinden sich Ventile und Erste Stufen in exponierter, d.h. kontaktanfälliger Lage, so dass die Protektoren nötig sind. Je nach Bauart des Cobra Guards ist das Erreichen des Brückenhandrades schwierig. Auf eine absperrbare Brücke zu verzichten, macht aus bereits erwähnten Gründen auch keinen Sinn.

Darüber hinaus gestaltet sich die Schlauchführung sehr kompliziert. Da alle Schläuche entlang des Rückens zum Kopf des Tauchers geführt werden müssen, sind diese sehr lang. Aufgrund der Tatsache, dass Menschen nun einmal unterschiedlich groß sind, wird fast jeder Schlauch zur Sonderanfertigung. Insbesondere die Konfiguration der Longhose und des Finimeterschlauchs bereiten Probleme. Nichts ist unmöglich, haben wir aus der Werbung gelernt. Dies mag stimmen, aber nur weil etwas möglich ist, muss es noch lange nicht nötig sein. Nahezu jeder Taucher, die richtige Positionierung des Doppelgerätes und ein beweglicher Trockentauchanzug vorausgesetzt, kann die Ventile auch in ‚normaler' Flaschenposition, mit ein wenig Übung, erreichen. Von daher ist der hohe Aufwand für eine Upside Down Konfiguration kaum zu rechtfertigen. Ventilfernbedienungen schließen sich aus dem gleichen Grund aus. Darüber hinaus ist es unmöglich diese so zu konfigurieren, dass die Schlauchverbindungen nicht abstehen und sich Fangschlaufen bilden.

Nur für Taucher mit körperlichen Einschränkungen (z.B. Verletzungen in den Schultergelenken) sind Upside Down Konfigurationen oder Ventilfernbedienungen empfehlenswert, alle anderen können problemlos darauf verzichten.

Flaschen Upside Down getragen werden (siehe Infokasten). Bei normaler Schwimmgeschwindigkeit ist es kaum möglich, die Ventile oder Atemregler so hart gegen eine Höhlen- oder Wrackwand zu stoßen, dass diese beschädigt werden. Bei optimaler (horizontaler) Wasserlage sind Ventile und die Atemregler, aufgrund der Verjüngung der Flaschenhälse, auch relativ geschützt. Besondere Vorsicht ist aber immer dann geboten, wenn die horizontale Wasserlage verlassen wird, z.B. wenn innerhalb eines Wracks senkrecht aufgetaucht werden muss, um die nächste Ebene zu erreichen.

Ob Standfüsse unter Wasser wirklich so störend sind, wie teilweise behauptet wird, bleibt dahingestellt. Da es sie in zahlreichen Formen gibt, lassen sich sicherlich solche finden, die nicht auf die Oberschenkel drücken und auch beim Durchschwimmen der engsten Passagen nicht wirklich ein Hindernis darstellen. Sicherlich erfüllen sie unter Wasser keinerlei Sinn. Doch dafür wurden sie ja auch nicht konstruiert. An Land werden sie jedoch häufig vermisst. Bei manchen Tauchbooten, die nicht für Flaschen ohne Füße konstruiert wurden, fehlen teilweise die Abstellmöglichkeiten. Trotzdem sieht man heutzutage kaum ein Doppelgerät mit Standfüssen. Als ausgesprochen hilfreich haben sich die Rentnertische erwiesen. Diese sind aufgrund ihrer Konstruktion einfach zu transportieren (da demontierbar) und bieten selbst auf wackligen Tauchschiffen eine perfekte An- und Ablegegelegenheit auch für Flaschen ohne Standfüsse. Gefertigt werden diese Hilfsmittel aus Aluminium oder Edelstahl, wobei erstere ausreichend Stabilität bieten und das ohnehin schon enorme Transportgewicht nicht auch noch erhöhen.

Doppelgeräte gibt es in unterschiedlichen Größen. Wenn die richtige Wahl getroffen wurde, werden diese sowohl dem Redundanzgedanken, als auch den Sicherheitsgasreserven gerecht.

5.05 Trockentauchanzüge und Zubehör

Insbesondere bei den in Europa vorherrschenden Wassertemperaturen kommt der ‚Temperaturproblematik' beim Tauchen eine Schlüsselrolle zu. Bei Tauchzeiten, die in der Regel über zwei Stunden liegen und Wassertemperaturen, die zwischen vier und vierzehn Grad liegen, ist eine optimale Isolationsstrategie der Schlüssel zum Erfolg. Dass bei dieser Ausgangssituation Nass- und Halbtrockentauchanzüge keine adäquate Wahl sind, bedarf sicherlich keiner Erläuterung. Technisches Tauchen ist Trockentauchen ohne Wenn und Aber. Selbst in warmen Gewässern kühlt der Taucher, aufgrund der langen Wasserzeiten, spürbar aus, was für eine effiziente Dekompression kontraproduktiv ist. Darüber hinaus bieten Trockentauchanzüge eine stabilere Wasserlage und für alle Taucher, die Single Bladder Wings einsetzen, ist der Anzug auch redundanter Auftriebskörper.

Material

Auch über Material und Ausstattung besteht überraschende Einigkeit in der technischen Tauchszene.

Trockentauchanzüge aus Neopren, egal in welcher Stärke, haben ein divergierendes Auftriebsverhalten, was für einen sauberen Trimm sehr störend ist. Aufgrund des großen Drucks, wird das Material komprimiert und der Taucher verliert an Auftrieb. Dies ist ein Effekt, den jeder Neoprenanzug erfährt, egal ob es sich um Standardneopren oder Compressed Neopren handelt. Trotzdem gilt: Je dünner das Material, desto geringer der Auftriebsverlust in der Tiefe. Eine Sonderrolle nehmen Anzüge aus Crushed Neopren ein. Diese werden, aufgrund ihrer Vorbehandlung, auch in großen Tiefen nicht weiter komprimiert, sind aber recht schwer und schränken die Bewegungsfreiheit ein wenig ein.

Somit bleibt nur ein Material übrig: Trilaminat. Dies ist jedoch nur eine sehr grobe Materialbeschreibung. Trilaminat heisst, dass ein beliebiges Gewebe mit einer Kombination von Butyl und Butyl Rubber beschichtet und somit wasserdicht gemacht wurde. Bezüglich der Gewebe gibt es gravierende Unterschiede. Häufig werden sehr weiche Nylons im Bereich 800er Denier verwendet. Hierdurch wird ein exzellenter Tragekomfort und größtmögliche Bewegungsfreiheit erzielt. Doch die Belastbarkeit des Materials ist gering. Bildlich gesprochen: scharfkantige Gegenstände durchschneiden das Material wie ein Messer ein Stück Butter. Da es unmöglich ist, einen Trockentauchanzug redundant mitzuführen, ist ein beschädigter, undichter Trockentauchanzug eine Katastrophe. Lange Dekozeiten im vier Grad kalten Wasser bedeuten ein enormes gesundheitliches Risiko. Von einer effizienten Dekompression kann in einem solchen Falle nicht mehr gesprochen werden (wobei nicht verschwiegen werden soll, dass gute Unterzieher auch im nassen Zustand einen Teil ihrer Isolationsfähigkeit behalten, doch dazu später). Aufgrund dieser Problematik werden Anzüge aus weichen Nylon Geweben häufig mit Schützern aus Cordura versehen. Dabei werden teilweise so viele Bereiche mit Schützern versehen (Bein, Knie, Schritt, Gesäß, Schulter, Rücken, Arme), dass vom ursprünglichen Nylonmaterial kaum noch etwas zu sehen ist. Natürlich geht diese Ausstattung wieder zu Lasten der Bewegungsfreiheit. Neben Nylon werden auch Trilaminate mit Corduragewebe benutzt. Generell sind diese etwas steifer. Auf zusätzliche Schützer kann bei diesem Material verzichtet werden, wodurch der Unterschied in der Bewegungsfreiheit sich wieder angleicht.

Trockentauchanzüge aus Trilaminat sind optimal fürs Technische Tauchen.
Foto: Raymund Mijdam.

Passform

Genauso wichtig, wie das Material des Anzuges, ist seine Passform. Sicherlich wird die optimale Passform von individuellen Wünschen beeinflusst. Weder kann ein Taucher zu enge Anzüge sicher und problemlos einsetzen, noch viel zu weite. Ob ein Anzug zu eng ist, findet der Taucher sehr schnell und auch meist ohne fremde Hilfe heraus, denn er kann sich nicht mehr richtig bewegen. Vier einfache Übungen, die an Land durchgeführt werden können, klären ob ein Anzug zu eng ist oder nicht. Natürlich müssen diese Übungen in Komplettmontur, also inklusive Unterzieher, durchgeführt werden.

1. Gebetshaltung. Hierbei wird die betende Haltung der Muslime eingenommen. Dies gibt Auskunft darüber, ob die Oberkörperlänge des Anzugs passt.

2. Knien. Da Trilaminat kein elastisches Material ist, muss es, wenn der Taucher steht, Falten werfen, ansonsten ist der Anzug zu kurz. Sowohl das An- und Ausziehen der Flossen als auch bestimmte Schwimmbewegungen fallen sehr schwer. In der knienden Position sollten die Falten weitgehend verschwunden sein.

3. Umarmen. Sich selbst umarmen und dabei das Auslassventil betätigen. Dies sollte problemlos möglich sein und gibt Auskunft über die korrekte Oberkörperweite.

4. Mit den Händen Schulterblätter berühren. Ist dies an Land nicht möglich, wird es unter Wasser unmöglich sein, die Ventile zu erreichen.

Ein zu weiter Anzug ermöglicht natürlich auch all diese Bewegungen, ist aber genauso wenig zu gebrauchen, wie ein zu enger Anzug. Nicht nur wird durch unnötige Weite der Wasserwiderstand erhöht, große Luftkammern erschweren auch die Tarierung, was zu Sicherheitsrisiken führen kann. Aber über die Frage, wann ein Anzug zu weit ist, gehen die Meinungen deutlich auseinander und es ist schwierig, ein allgemeingültiges Postulat aufzustellen. Aber man kann sich in auf den gesunden Menschenverstand und auf den optischen Eindruck verlassen. Ein gut sitzender Trockentauchanzug sieht einfach ordentlich aus und schiebt nicht nach allen Seiten überschüssiges Material.

Ausstattung

Der Reißverschluss sollte diagonal über der Brust verlaufen. Im Gegensatz zu klassischen Rückenreißverschlüssen bietet dieser eine bessere Bewegungsfreiheit. Der eigentliche Trockenreißverschluss sollte gegen mechanische Belastungen durch einen separaten Standardreißverschluss geschützt werden.

Ein diagonaler Frontreißverschluss bietet die größte Bewegungsfreiheit.

Großvolumige Kletttaschen bieten idealen Staurum für wichtiges Kleinzeug.

Angesetzte Kopfhauben bieten höhere Isolationswerte, sind aber beim An- und Ausziehen recht unkomfortabel. Auch der Sitz der Manschette kann schlechter überprüft werden. Ähnlich gut isolieren Kopfhauben, die lang genug sind, so dass sie in den Wärmekragen des Anzuges gesteckt werden können. Da die meiste Wärmeenergie über den Kopf verloren geht, bietet es sich an, bei sehr kalten Wassertemperaturen, zwei Kopfhauben zu tragen.

Ob Manschetten aus Latex oder Neopren sind, ist für das Technische Tauchen unerheblich und obliegt der Vorliebe des Tauchers.

Taschen können nur schlecht am Wing befestigt werden, da sie von den Stages überdeckt werden und dadurch schlecht zu erreichen sind. Da es aber Sinn macht verschiedene Ausrüstungsteile in Taschen unterzubringen, kommt den Taschen am Trockentauchanzug eine besondere Bedeutung zu. In den letzten Jahren hat das Fassungsvolumen der Beintaschen deutlich zugenommen. Im Idealfall gibt es noch eine innere Unterteilung, um den Zugriff, vor allen Dingen auf die Wetnotes, zu erleichtern.

Meistens sind die Taschen mit Klettverschlüssen versehen. Reißverschlüsse sind störanfälliger und unter Wasser, wenn sich etwas in den Zähnen verfangen hat, kaum zu öffnen. Keinesfalls sollten die Accessoires lose in die Taschen gestopft werden, da sie mit hoher Wahrscheinlichkeit verloren gehen, wenn Einzelteile aus der Tasche entnommen werden. Die Sicherung erfolgt über elastische Bänder, die zu Kreisen gebunden und an den inneren Taschenschlaufen befestigt werden. Mit Hilfe von Bolt Snaps werden die einzelnen Accessoires in die Bandkreise eingehängt. Im Bedarfsfall wird das komplette Band herausgezogen, das benötigte Equipmentteil ausgeklickt und der Rest wieder in die Tasche verstaut. Da Wetnotes relativ regelmäßig während eines Tauchgangs benutzt werden, bietet es sich an, diese in einem separaten Fach, natürlich ebenfalls gesichert, zu verstauen. In den Taschen können folgende Accessoires untergebracht werden: Ersatzmaske, Wetnotes, Safteyspool, Richtungspfeile, Ersatzhandschuhe, Kompass, Ersatzschneidwerkzeuge.

Ventile werden meist an den Standardpositionen montiert, d.h. Mitte Brust und linker Oberarm. Beim Einlassventil sollte darauf geachtet werden, dass der Inflatornippel kompatibel mit dem Jacketinflator ist. Gute Teams achten sogar darauf, dass diese Kompatibilität für jedes Mitglied der Gruppe gegeben ist.

Bei den Füßlingen gib es inzwischen drei verschiedene Systeme zur Auswahl. Alle haben ihre Daseinsberichtigung und unterschiedliche Vor- bzw. Nachteile zu bieten. Der normale Stiefel, also ein Neopren Dipped Boot ist die Universallösung für unterschiedliche Einsatzzwecke. Standardstiefel sind recht robust, haben eine gewisse Eigenisolation und an Land gute Laufeigenschaften und ordentliche Stabilität. Hauptnachteil ist der recht hohe Auftrieb, der eine perfekte Wasserlage erschwert. Hinzu kommt, dass ein beschädigter Stiefel fast nicht zu reparieren ist und in der Regel getauscht werden muss. Rock Boot Systeme, also die Kombination aus einer Neoprensocke und einem separaten, stabilen Schuh, sind am widerstandsfähigsten und bieten sowohl an Land, als auch auf wackligen Tauchschiffen, die besten Laufeigenschaften. Die gesamte Belastung liegt auf dem äußeren, separaten Schuh, der im Bedarfsfall einfach getauscht werden kann. Unter Wasser verliert der Flossenschlag des Tauchers jedoch an Effizienz, da die drei beteiligten Komponenten (Unterziehsocke, Neoprensocke, Schuh) häufig gegeneinander rutschen und somit Kraft verloren geht. Beste Effizienz unter Wasser bieten Neoprensocken die mit einer Laufsohle versehen sind. Diese Kombination hat einen sehr geringen Auftrieb und bietet dem Taucher ein sehr direktes Gefühl zur Flosse. Da das Neopren aber nicht geschützt ist, ist diese Variante sehr verschleißanfällig und bietet beim Laufen an Land keine Stabilität.

Handschuhe

Extreme Temperaturen spürt man als erstes an den Extremitäten, also den Händen und Füßen. Hände, die vor Kälte kaum noch zu bewegen sind, stellen ein Sicherheitsrisiko dar. Wenn der Taucher nach einem langen, kalten Tauchgang kaum noch in der Lage ist, dass Handrad seiner Stage zu öffnen, sollte er sich dringend Gedanken über eine bessere Isolation seiner Hände machen.

Viele Technische Taucher greifen auf ‚normale' Neoprenhandschuhe zurück, da ihnen das Risiko zu groß ist, dass Trockentauchhandschuhe unter Wasser beschädigt werden und somit Wasser in den Anzug eindringt. Dabei gibt es jedoch einiges zu bedenken. Je dikker ein Handschuh ist, desto besser isoliert er, allerdings wird auch die Fingerfertigkeit durch dickes Neopren eingeschränkt. Dies ist ein wichtiger Punkt, den der Taucher individuell abwägen muss. Aber bei intensivem Training kann er auch mit Drei-Finger-Handschuhe die gesamte Ausrüstung bedienen. Neopren wird durch Druck enorm komprimiert. Selbst ein 7mm Handschuh besitzt in größeren Tiefen nur noch die Hälfte seiner ursprünglichen Stärke und verliert dementsprechend an Isolationskraft. Desweiteren leidet Neopren stark unter hohem Druck. Nach wenigen Tauchgängen, in größere Tiefen, verliert das Material an Stärke. Auch die Nähte und Verklebungen werden in Mitleidenschaft gezogen, dadurch steigt der Wassereintritt in den Handschuh. Dies hat zur Folge, dass Handschuhe regelmäßig gewechselt werden müssen. Um den Wassereintritt zu minimieren lohnt es sich, die Dichtmanschetten der Handschuhe zu verjüngen (keilförmig ausschneiden und wieder zusammenkleben). Die bereits erwähnten Trockentauchhandschuhe bieten sicherlich den besseren Wärmeschutz, da sie mit Unterziehhandschuhen, die über hervorragende Isolationseigenschaften verfügen, kombiniert werden können. Obwohl es unterschiedliche Systeme gibt, ist die generelle Funktionsweise von Trockentauchhandschuhen nahezu identisch. An den Anzug wird ein aufnehmender Ring montiert (entweder eingeklebt oder über die Manschette fixiert). Auf diesen Ring wird der Handschuh gesteckt und auf unterschiedliche Arten gesichert. Der Handschuh wird aus einem Weich-PVC hergestellt. Im Prinzip wird das gleiche Material verwendet wie bei normalen Küchenhand-schuhen, in der Regel aber etwas dikker. Die Widerstandsfähigkeit des Materials, insbesondere in Bezug auf scharfkantige Teile, ist sehr begrenzt. Es besteht also, sowohl beim Wrack-, als auch beim Höhlentauchen, ein Risiko, die Handschuhe zu beschädigen. Auch die Abrasionsfähigkeit der Handschuhe ist begrenzt. Bei schwer zu erreichenden Tauchplätzen, die ein Abseilen erforderlich machen, sollten Trockentauchhandschuhe erst zu Beginn des eigentlichen Tauchgangs auf den Anzug gesteckt werden. Auch beim Produktionsprozess eingeschlossene Luft, sogenannte Vakuole, kann durch hohe Druckdifferenzen zu Beschädigungen des Handschuhs führen. Handschuhe aus Hightech Polymeren vermindern diese Risiken. Solche Handschuhe besitzen eine besser Widerstands- und Abrasionsfähigkeit und auch die Zahl der Vakuole wird durch ein spezielles Produktionsverfahren verringert. Unzerstörbar sind Handschuhe aus diesem Material aber auch nicht.

Es gibt einige Grundregeln für den Einsatz von Trockentauchhandschuhen. Die zum Anzug hin abdichtende Manschette muss unbedingt erhalten bleiben. Sollte dies, bauart-bedingt, nicht möglich sein (Anzugdurchmesser zu gering), muss eine zweite, separate Manschette eingesetzt werden. Diese erleichtert die Montage des Systems und dichtet

Kommen Trockentauchhandschuhe zum Einsatz sollten diese unbedingt mit zum Anzug hin dichtender Manschette montiert werden.

zum Anzug hin ab. Darüber hinaus müssen Ersatzhandschuhe mitgeführt werden, die im Falle einer Beschädigung angezogen werden. Das Wechseln des Handschuhs sollte geübt werden, da es sich unter Wasser nicht ganz einfach gestaltet. Wird nach diesem Prozedere verfahren, können Trockentauchhandschuhe auch bedenkenlos beim Technischen Tauchen eingesetzt werden. Sobald es die Wassertemperaturen erlauben, sollte, aufgrund der größeren Sicherheit, auf Neoprenhandschuhe zurückgegriffen werden.

Windeln und Urinalventile

Der Zusammenhang zwischen einer effizienten Dekompression und einer ausreichenden Hydration wird im Kapitel Dekompression ausführlich beschrieben. Es kann nicht oft genug betont werden, wie wichtig eine ausreichende Flüssigkeitszufuhr vor dem Tauchen ist. Natürlich führt eine hohe Flüssigkeitszufuhr, gepaart mit dem Gauer-Henry-Reflex zu einem erhöhten Harndrang.

Es gibt zwei Möglichkeiten, auf diesen erhöhten Harndrang zu reagieren.

A) Die Benutzung von Inkontinenzwindeln, B) Die Montage eines Urinalventils.

Der Einsatz von Inkontinenzwindeln hat verschiedene Nachteile. Zum einen ist die Aufnahmekapazität der Windeln begrenzt, was insbesondere bei sehr langen Tauchgängen zu Problemen führen kann. Generell wird Sitz und Passform des Trockentauchanzuges beeinflusst, was von einigen Tauchern als unangenehm empfunden wird. Auch der hygienische Aspekt ist nicht angenehm. Tatsächlich riecht man den Einsatz von Inkontinenzwindeln. Service- und Reparaturwerkstätten von Trockentauchanzügen können davon ein Lied singen.

Gauer-Henry-Reflex

Steht man bis zur Brust im Wasser, drückt der hydrostatische Druck des Wassers die leicht kompressiblen Beinvenen zusammen und das Blut entweicht zunächst in die Gefäße des Bauchraumes und Brustkorbes. Später, wenn einem das Wasser bis zum Halse steht, gelangt das Blut fast ausschließlich in die Brustorgane. Die Herzkammern werden gedehnt und dadurch wird ein Zuviel an Volumen angedeutet. In Wirklichkeit ist es nur ein Zuviel an einer ungewohnten Stelle. Diese Volumenverteilung stellt sich auch ein, wenn man sich horizontal in die Badewanne legt. Das Tauchen hat den gleichen Effekt.

Der Körper reagiert darauf: Es kommt zu einem gesteigerten Urindruck. Der Gauer-Henry-Reflex kommt ins Spiel und der Flüssigkeitsbestand des Körpers wird durch Ausscheiden vermindert. In den herznahen Venen und in den Vorhöfen des Herzens befinden sich Dehnungsrezeptoren, die bei einem Zuviel an Volumen, Signale senden und unter anderem die Sekretion des antidiuretischen Hormons (ADH) hemmen. Daraufhin wird in der Niere weniger Wasser zurückgehalten und infolgedessen ausgeschieden. Dieser Reflex wird, nach seinen Entdeckern, der Gauer-Henry-Reflex genannt. Gauer war von 1962 bis 1979 Direktor am Physiologischen Institut der Freien Universität Berlin und hat in mannigfaltiger Weise die Forschungen auf diesem wichtigen Gebiet der Medizin mitbestimmt.
(Quelle: http://www.elfenbeinturm.net/archiv/2004b/11.html)

Urinalventile (Pee Valves) sind die bessere Lösung. Das Pee Valve wird auf der linken oder rechten inneren Oberschenkelseite montiert. Bei manchen Modellen wird die gesamte Einheit eingeklebt, andere Hersteller installieren Dichtscheiben, auf denen das Pee Valve verschraubt wird und mit Hilfe von O-Ringen dichtet.

Das Pee Valve wird mit Hilfe eines Inkontinenzkondoms mit dem Penis verbunden. Diese Kondome gibt es in den unterschiedlichsten Größen. Sie sind etwas dicker als herkömmliche Kondome und entsprechen in der Form ungefähr einem nicht erigierten Penis. Die Kondome sind selbstklebend, da sie ansonsten nicht halten würden. Von daher ist es ratsam, den Penisschaft zu enthaaren, da sonst das Entfernen des Kondoms recht schmerzhaft sein könnte. Das Kondom hat eine offene Spitze, welche über einen Anschluss-Stutzen mit dem Silikonschlauch verbunden wird, der zum Pee Valve-Körper führt. Je nach Modell wird die Flussrichtung des Urins über Richtungsventile oder Membranen gesteuert. Da ein angeschlossenes Pee Valve ein luftgefüllter Hohlraum ist, unterliegt er den physikalischen Druckgesetzen. Beim Abtauchen wird die eingeschlossen Luft komprimiert, was sich schmerzhaft auf den Penis auswirken und den Flusswiderstand erhöhen kann. Von daher ist es besser, balancierte Ventile einzusetzen, die entweder über ein direkt im Pee Valve-Körper integriertes Ventil oder über ein, am Schlauch angeschlossenes, Richtungs-ventil für Druckausgleich sorgen. Um die Belastung auf den Anzug zu reduzieren, sollte das Urinalventil aus einem möglichst leichten Material gefertigt sein (z.B. Delrin). Ventile aus Edelstahl führen aufgrund ihres hohen Eigengewichts zu einer starken Belastung des Anzuges.

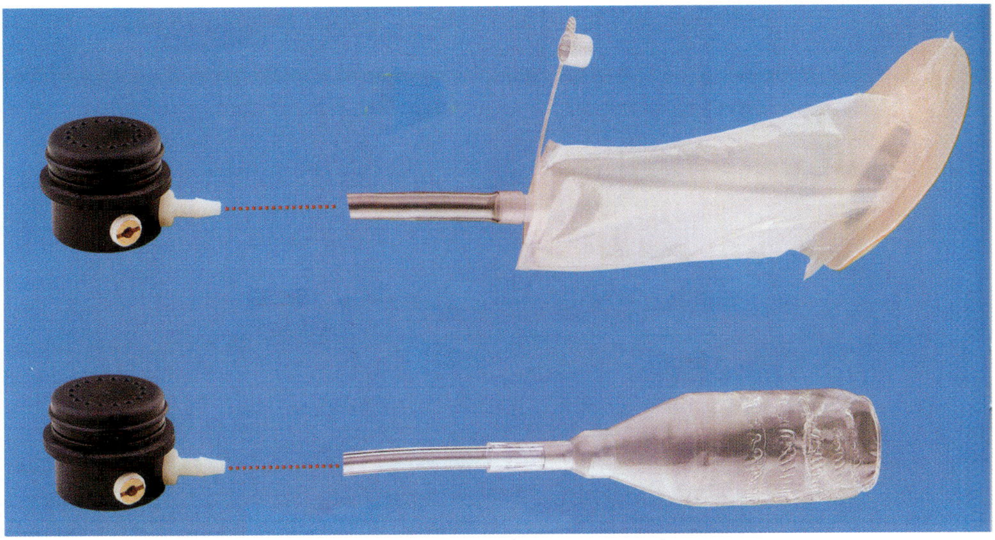

Urinalventile und Inkontinenzkondome gibt es für Frauen und Männer.

Auch für Frauen gibt es Urinalableiter, die an das Pee Valve angeschlossen werden können. Das Anbringen ist etwas komplizierter und es empfiehl sich der Gebrauch von Sprühkleber, damit ein einwandfreier Sitz gewährleistet ist.

Pee Valves müssen unbedingt nach jedem Gebrauch gereinigt werden, da sich sonst sehr schnell Urinstein bildet, der das Ventil verstopft. Generell reicht es aus, das Ventil mit klarem Wasser gründlich über den Schlauch zu spülen. Weichkunststoff-Flaschen eignen sich dafür hervorragend und sind in jeder Apotheke erhältlich.

5.06 Unterzieher und Isolationsstrategien

Da Trockentauchanzüge aus Trilaminat keine Eigenisolation besitzen, kommt dem richtigen Unterzieher und der richtigen Isolationsstrategie eine besondere Bedeutung zu.

Aufgrund der zunehmenden Popularität von Outdooraktivitäten, hat die Auswahl an textilen Funktionsfasern in den letzten Jahren deutlich zugenommen. Grob kann zwischen gewebten und nicht gewebten Materialien unterschieden werden. Bei beiden ist das isolierende Grundprinzip identisch. Isolierungen wirken in zwei Richtungen: Zuerst wird Luft eingeschlossen. Je mehr Luft, desto effizienter die Isolierung. Zweitens durch die Reflektion der körpereigenen Wärme.

Bei gewebten Fleecestoffen wird die Velour-Konstruktion aus Polyestergarnen gefertigt, bildet Luftkammern und speichert so die Körperwärme. Je hochfloriger bzw. voluminöser der Stoff, desto mehr Luft kann eingeschlossen werden.

Nicht gewebte Fasern, wie z.B. Thinsulate, sind besser isolierend als gewebte Fasern. Auch im direkten Vergleich mit nicht gewebten Fasern, ist Thinsulate in der Regel 1-1,5 mal wärmer. Und weil Thinsulate weniger als 1% seines Gewichtes an Wasser absorbiert, behält es seine isolierende und wärmende Wirkung auch unter feuchten Bedingungen bei. Die Thinsulate Microfasern sind ca. 10 mal kleiner als vergleichbare Fasern, das heisst, sie schließen wesentlich besser Luft ein und halten besser warm. Dies bedeutet auch, dass mehr Fasern im gleichen Raum untergebracht sind und diese die Körperwärme effektiver reflektieren.

Allerdings gibt es völlig unterschiedliche Thinsulate Fasern mit stark abweichenden Charakteristika, da sie für verschiedene Einsatzzwecke entwickelt wurden. Das im Tauchbereich häufig eingesetzte Type B Thinsulate, ist sehr druckresistent und wurde ursprünglich für den Einsatz in Schuhen entwickelt. Das Material ist sehr steif und nicht waschbar (Schuhe kommen ja auch selten in die Waschmaschine). Beides ist jedoch nachteilig, wenn Type B als Material für Unterzieher benutzt wird. Fraglich ist auch, ob die Druckresistenz des Materials wirklich nötig ist. Der Umgebungsdruck wird permanent ausgeglichen. Reale Kompression erfährt der Unterzieher nur an den Stellen, wo der Anzug durch das Tauchgerät komprimiert wird. Das ist aber nur an wenigen Stellen der Fall. Auch von den Isolationswerten ist Type B nicht die erste Wahl. TiB und C Thinsulate-Faser bieten deutlich bessere Isolationswerte und sind darüber hinaus auch waschbar. Eine erhöhte Transparenz würde der Unterziehermarkt erfahren, wenn Hersteller bereit wären, die relevanten und messbaren Daten zu veröffentlichen. Nicht von den einzelnen verwendeten Komponenten, sondern von der gewählten Materialkombination. Denn nicht gewebte Fasern müssen mit anderen Materialien kombiniert werden, da sie alleine keine ausreichende Festigkeit bieten. Kombinationen dieser Art machen auch aus isolationstechnischer Sicht Sinn, da nicht nur der reine Isolationskoeffizient eine Rolle spielt, sondern auch die Fähigkeit des Materials, Feuchtigkeit aufzunehmen und vom Körper wegzutransportieren. Natürlich kann dies auch durch Kombinationen im Zwiebelprinzip erreicht werden. Dabei sollte direkt auf der Haut immer sehr atmungsaktive Funktionsunterwäsche getragen werden. Erst danach kommen die isolierenden Materialien.

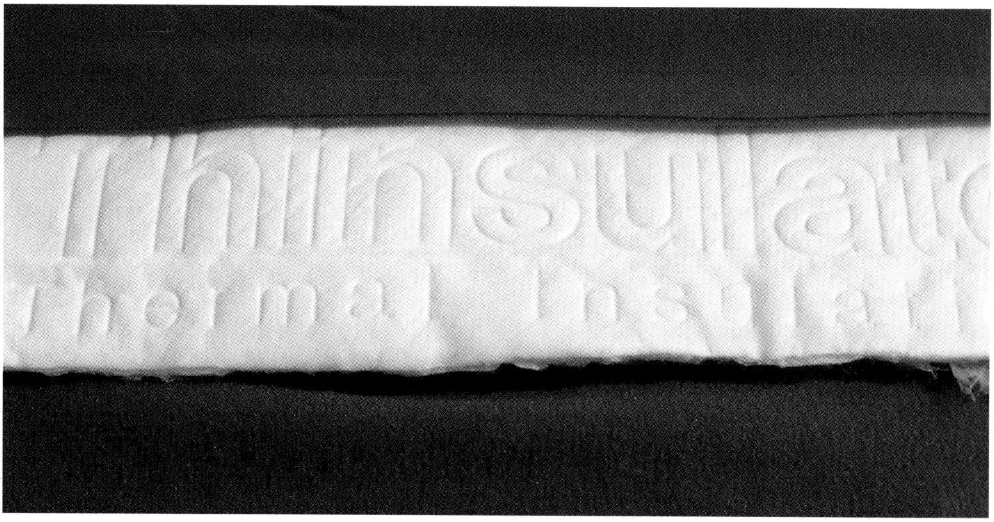

Thinsulate und Fleece sind die gängisten Materialien für Unterzieher.

Neben der Materialauswahl, spielt die Konstruktion des Unterziehers eine bedeutende Rolle, denn hiervon wird sowohl die Beweglichkeit, als auch die Isolationsfähigkeit beeinflusst. Der problematischste Bereich, in Bezug auf die Bewegungsfreiheit, liegt im Oberkörper, speziell im Bereich der Arme. Einige Hersteller sind dazu übergegangen, flexible Materialien im Bereich der Achselhöhle einzusetzen. Dies reduziert zwar die Isolationsfähigkeit in diesem Bereich, erhöht aber die Beweglichkeit der Arme. Dadurch wird das Erreichen der Ventile deutlich erleichtert. Sicherlich spielt auch die generelle Passform eine Rolle. Zu enge Unterzieher schränken die Beweglichkeit unmittelbar ein. Gleiches gilt auch für Unterzieher. die zu groß sind, denn das überflüssige Material ‚knubbelt' sich im Unterzieher, was auch zu einem erhöhten Bleibedarf führt. Ein Unterzieher sollte mit möglichst wenig Nähten auskommen, denn jede Naht verringert die Isolationsfähigkeit, da dem Material im Bereich der Naht Volumen entzogen wird. Da diese Tatsache allgemein bekannt ist, ist es umso verwunderlicher, dass verschiedene Hersteller unterschiedliche Materialien großzügig mit Steppnähten verbinden. Gleiches gilt für verschiedene Accessoires, wie zum Beispiel aufgesetzte Taschen. Diese sollten soweit wie möglich vermieden werden, mehr als einen Autoschlüssel muss der Taucher sowieso nicht unterbringen.

Argonsets und Heizungen

Über den Sinn und Zweck von Argon als Füllgas für den Trockentauchanzug, wurde in der Vergangenheit viel diskutiert. Doch insbesondere, wenn stark heliumhaltige Gasgemische im Rückengerät getaucht werden, kann kein Zweifel daran bestehen, dass Argon wesentlich bessere Isolationseigenschaften besitzt und unbedingt eingesetzt werden sollte. Der Aufwand ist relativ gering und der Nutzen enorm. Generell kann die Argonflasche an zwei Punkten montiert werden. Kleine Flaschen (bis zu einem Liter Volumen) werden an der Backplate befestigt. Aluminiumflaschen sind unter Wasser auftriebsneutral und beeinflussen den Trimm nicht. Aufgrund des geringen Gewichts der Flasche, kann das ganze Set, mit Hilfe von starken elastischen Bändern, an den Löchern der Backplate befestigt werden. Eines der Bänder sollte unbedingt um den Flaschenhals gelegt werden, damit an dieser Stelle ein Durchrutschen der Flasche wirkungsvoll verhindert wird. Das Flaschenventil zeigt nach unten. Das Handrad vom Flaschenventil zeigt nach außen, damit ist es einfach zu bedienen. Der Inflatorschlauch wird unter der Bebänderung körpernah zum Einlassventil geführt. Die Inflatorkupplung sollte mit der vom Wing identisch und auch im Team kompatibel sein, sonst ist die Möglichkeit einer Argonspende ausgeschlossen. Sollte ein Argonset aus einem beliebigen Grund nicht einsatzfähig sein, ist die Möglichkeit, Gas über die Argonflasche seines Partners zu bekommen, ein unschätzbarer Vorteil.

Der Inflatorschlauch kann in diesem Fall etwas länger sein, damit er im Notfall an den Buddy weitergereicht werden kann. Größere Flaschen (bis zu drei Liter Volumen) werden mit Hilfe von Argon Straps am Doppelgerät befestigt. Die Strapse halten mit Klettverschlüssen und sind somit relativ einfach zu lösen, wenn sich der Taucher verfangen sollte. Feste Metallverbindungen oder einrastende Schienen sind an dieser Stelle problematisch, weil sie unter Wasser nicht einfach zu lösen sind und die exponierte Lage der Argonflasche dazu führen kann, dass der Taucher sich hiermit verfängt oder verkeilt.

Kleine Argonflaschen (0,85 Liter) können direkt am Backplate befestigt werden.

Auch bei dieser Befestigungsmethode zeigt das Flaschenventil nach unten und das Ventilhandrad nach außen, so ist es einfach mit der linken Hand zu bedienen.

Häufig werden amerikanische Low Pressure Flaschen als Argonflaschen verwendet, da sie aufgrund ihrer Volumen-Gewichtsrelation auftriebsneutral sind. Diese Flaschen haben einen Fülldruck von 140 bar und sind in Deutschland nicht zugelassen. Sollten sie trotzdem eingesetzt werden, ist beim Füllen unbedingt darauf zu achten, dass der maximale Fülldruck nicht überschritten wird. Die Flaschen sind mit einem ‚Content Label' zu versehen, welches darüber Auskunft gibt, dass sich in dieser Flasche ein nicht atembares Gas befindet (Argon – do not breath).

Die Erste Stufe sollte qualitativ hochwertig und von kompakter Bauweise sein. Da das Argonset ohne Zweite Stufe auskommt, muss ein Überdruckventil montiert sein, damit im Falle eines Mitteldrucksteigers nicht der Inflatorschlauch platzt.

Eine weiterer Möglichkeit, die Temperaturproblematik anzugehen, sind beheizbare Unterzieher. Der technische und finanzielle Aufwand ist jedoch erheblich. Und wirklich ausgereifte Systeme sind immer noch nicht erhältlich. Bevor also in beheizte Unterzieher investiert wird, sollten alle anderen Möglichkeiten ausgeschöpft werden. Dies umfasst eine auf Extremsport zugeschnittene Ernährung und einen gewissen Level an körperlicher Fitness. Eine perfekte Isolationsstrategie, unter Ausschöpfung aller zu Verfügung stehenden technischen und physischen Möglichkeiten, erlaubt im absoluten Kaltwasser (4° Celsius) Tauchgänge von ca. 1,5 Stunden und bei gemäßigten Temperaturen (über 10° Celsius) Tauchgänge von ca. 3 Stunden. Erst bei Tauchgängen außerhalb dieser Grenzen, macht der Einsatz von beheizten Unterziehern wirklich Sinn. Darunter sind sie nur teurer Luxus.

Beheizbare Unterzieher oder Heizwesten können, genauso wenig wie Trockentauchanzüge, redundant eingesetzt werden Es wäre also purer Leichtsinn, sich ausschließlich auf ein solches System zu verlassen. Ein beheizbarer Unterzieher oder ein Heizhemd kann nur in Kombination mit normalen Unterziehern getaucht werden. Mangels kommerzieller Angebote, haben viele Technische Taucher in den letzten Jahren, ihre Heizungen selber gebaut. Hierbei ist es wichtig, dass eine möglichst große Fläche im Torsobereich ‚beheizt' wird. Einpoliger Heizdraht, der auch bei Sitzheizungen benutzt wird, hat sich für die Eigenkonstruktion bewährt. Ideal ist eine Länge von ca. 10 Metern und eine Heizleistung von 60 – 80 Watt. Heizdrähte dieser Leistung sollten niemals direkt auf der Haut getragen werden, da es zu sehr schmerzhaften Verbrennungen kommen kann. In der Praxis hat es sich bewährt, die Heizdrähte auf die Funktionsunterwäsche in parallelen Schlaufen aufzunähen, so dass die beiden Enden am Schluss zusammenkommen und verbunden werden können. Mit Hilfe eines normalen Kabels wird dann die Verbindung zur Heizungsdurchführung geschaffen. Hierfür können im Elektro-Fachhandel spezielle Stecker erworben werden. Auch einige Tauchartikelhersteller bieten mittlerweile Heizungsdurchführungen an.

Sowohl die innere, als auch die äußere Kabelverbindung, muss mit einer steckbaren Verbindung ausgestattet sein. Die innere Verbindung sollte sich nicht durch einen einfachen Zug lösen lassen, da sie unter Wasser nicht wieder angeschlossen werden kann. Für die äußere Verbindung bieten sich E/O Cords an, die auch im Lampenbereich eingesetzt werden. Für den Akkutank gibt es die unterschiedlichsten Varianten. Ein E/O Cord ermöglicht es, Lampe und Heizung mit einem Akku zu betreiben, das aber nur dann, wenn die Heizung nur während der Dekophase benutzt werden soll, da sonst die Lampe angeschlossen ist. Ein Vorgehen, das sich in der Praxis gut bewährt hat. Darüber hinaus besteht die Möglichkeit, den Akku mit zwei Abgängen auszustatten, die ggfs. auch separat an- und ausgeschaltet werden können. Hierbei muss unbedingt auf eine ausreichende Akkukapazität geachtet werden. Bei einer Nennleistung von 80 Watt hält ein 12V Akku mit Ah gerade mal 80 Minuten. Von daher bietet es sich an, die Heizung über einen zweiten Akku zu betreiben, was zumindest von der Versorgungsseite dem Redundanzgedanken gerecht wird.

5.07 Haupt- und Ersatzlampen

Wenn es um die Frage der Lampen beim Technischen Tauchen geht, können sich fast alle Technischen Taucher auf zwei Punkte verständigen:

1. Es werden ausschließlich Tanklampen mit separatem Lampenkopf benutzt.

2. Der Akkutank wird auf der rechten Seite am Gurtband aufgefädelt.

Punkt 1. Ist tatsächlich eine 100% Aussage. Die Tauchzeiten sind einfach zu lang, als dass Handlampen, mit einer entsprechenden Kapazität, die ganze Zeit gehalten werden können. Auch werden die Hände häufig für unterschiedliche Aufgaben gebraucht. Mit einem separaten Lampenkopf, befestigt an einem Goodman Handle, bleiben die Hände frei. Mit einer schweren Handlampe werden alle Arbeiten überaus kompliziert. Auch der Einsatz eines Goodman Handles ist unstrittig, obwohl es hiervon inzwischen zahlreiche Variationen gibt. Ein Goodman Handle ermöglicht es, die Lampe auf dem Handrücken zu positionieren, ohne dass diese aktiv gehalten wird. Ob der Handle aus Metall gefertigt ist oder es sich um elastische Bänder handelt, ist dabei völlig sekundär. Die meisten Taucher tragen den Lampenkopf links, damit die rechte (Arbeits-) Hand frei bleibt. Außerdem werden auf der rechten Seite die Instrumente befestigt, die mit der Lampe nicht angeleuchtet werden können, wenn diese auf derselben Seite getragen wird. Das Verbindungskabel muss also über eine ausrechende Länge verfügen. Auch sollte die Möglichkeit bestehen, die Lampe ganz weg zu hängen. Dies geschieht mit einem Karabiner, der am Goodman Handel befestigt wird. Ebenso macht es Sinn, ein kleines und scharfes Messer am Goodman Handle unterzubringen, da dies im Notfall immer erreichbar ist und als Ersatzmesser gute Dienste leisten kann.

MB Sub: Lithium-Mangan Akku
13,5 a/H

Tanklampen bieten den Vorteil, dass nur der leichte Lampenkopf getragen werden muss und der Akkutank an der Backplate befestigt wird.

Die einfachste Befestigung erfolgt mit zwei Schlauchschellen, die eine Gurtschlaufe halten. Diese wird auf die Bebänderung aufgeschoben und der Tank wird mit einer separaten Bleigurtschnalle gesichert. Sicherlich ist auch eine Befestigung, ähnlich wie die Argonflasche, am Doppelgerät möglich. Doch versucht man, exponierte Lagen möglichst zu vermeiden, denn viele Tanklampensysteme haben ihren Ein- und Ausschalter am Tank, nicht am Lampenkopf. Ist dies der Fall, ist eine Befestigung am Doppelgerät ausgeschlossen.

Sowohl bei der Auswahl der Leuchtmittel, als auch der Akkutypen, gibt es zahlreiche Variationen. Die technische Entwicklung ist sehr schnell und macht auch vor dem Tauchsport nicht halt. Inzwischen kommen drei verschiedene Akkutypen zum Einsatz:

Bleigel, Nickel-Metall-Hydrid und Lithium Mangan.

Lange Zeit galten Bleigel Akkus als erste Wahl. Dieser Akkutyp ist einfach zu laden, der Akkuzustand kann jederzeit problemlos überprüft werden und eingetretenes Süßwasser bereitet ihm keine großen Probleme. Nachteilig ist die schlechte Leistungsdichte, woraus ein hohes Gewicht bei geringen Amperestunden resultiert. Aufgrund des hohen Innenwiderstands, können Bleigel Akkus keine hohen Ströme liefern. Obwohl sie lange Zeit als der Akkutyp propagiert wurden, sind sie inzwischen fast in Vergessenheit geraten.

Nickel-Metall-Hydrid Akkus (NiMH) gelten als Nachfolger der Nickel Cadmium Akkus, welche aufgrund des giftigen Cadmiums europaweit vom Markt genommen werden sollen. Nickel-Metall-Hydrid-Akkumulatoren verwenden eine Kathode mit Nickelhydroxid und eine Anode aus einem Metallhydrid. Die Energiedichte einer NiMH-Zelle beträgt etwa 80 Wh/kg und ist damit mehr als doppelt so groß wie die eines NiCd Akkus. Ein Vorteil liegt auch in der guten Stromentnahmefähigkeit. Die gespeicherte Energie kann innerhalb kurzer Zeit, mit nahezu gleicher Spannung, abgegeben werden. NiMH Akkus reagieren empfindlich auf Überladung und Tiefentladung. Einmal verlorene Kapazität ist meist dauerhaft verloren und kann nicht reaktiviert werden. Auf ein intelligentes Ladegerät kann bei diesem Akkutyp auf keinen Fall verzichtet werden. Intelligente Ladegeräte verfügen über eine komplexe Ladeschaltung oder sogar einen Microkontroller und ermöglichen aufwändige Ladeverfahren. Überladungen und sonstige Ladebeschädigungen des Akkus werden durch genaue Überwachung des Akkuzustandes verhindert. NiMH Akkus sind nicht für den Betrieb unterhalb von 0° Celsius geeignet. Selbst bei Temperaturen nahe am Gefrier-punkt ist ein deutlicher Kapazitätsabfall zu verzeichnen.

Lithium Ionen Akkus sind empfindlich gegenüber mechanischen Beschädigungen. Bei Ausfällen in der Überwachungselektronik kommt es in der Zelle zu einer gefährlichen Reaktion zwischen dem Lithium und dem eingelagerten Kobalt, dem sogenannten metallischen Brand. Wasser verstärkt diese Reaktion explosionsartig. Aus diesen Gründen ist der Einsatz dieses Akkutyps in Tauchlampen heftig umstritten. Die meisten Hersteller greifen deshalb auf die artverwandten Lithium Mangan Akkus zurück. Obwohl die technischen Daten schlechter sind als die der Lithium Ionen Akkus, punktet dieser Typ in Bezug auf die Betriebssicherheit. Gegenüber einem NiMH Akku ist die Energiedichte immer noch 30% höher. Lithium Mangan besitzt eine sehr gute Strombelastbarkeit und eine geringe Selbstentladung. Selbst bei Temperaturen unterhalb des Gefrierpunktes besitzt der Akku noch einen Großteil seiner Kapazität.

Auch bei den Leuchtmitteln gibt es drei unterschiedliche Typen:

Halogen, HID und LED.

Die Effizienz eines Leuchtmittels wird durch das Verhältnis der aufgenommenen Leistung zum abgegebenen Lichtstrom bestimmt. Die Maßeinheit ist Lumen pro Watt (lm/W). Nachstehend ein direkter Vergleich zwischen den drei gebräuchlichen Leuchtmitteln für Tauchlampen:

Halogenglühlampe HLX	ca. 35 lm/W
21/24W Brightstar HID	ca. 60 lm/W
Weiße Hochleistungs LED 3,5 Watt	ca. 55 lm/W

Die in der Sporttaucherei so beliebten und bewährten Halogenlampen, sind beim Technischen Tauchen kaum zu finden. Hierfür gibt es zwei Gründe. 1. Die Farbtemperatur des Lichts und die damit verbundene Tragweite. 2. Das relativ schlechte Verhältnis zwischen Energieverbrauch und Lichtstärke.

Hochdruck-Gasentladungslampen werden auch als HID-Lampen bezeichnet (von engl. High Intensity Discharge). Die beiden Elektroden im Quarzglas-Entladungsgefäß bestehen aus Wolfram (massiv oder Drahtwickel). Beim Start entsteht zwischen den Wolfram Fäden ein Lichtbogen, ein Strom geladener Partikel. Hierdurch wird das Gas im Kolben auf 1200° Celsius erhitzt und es bildet sich Plasma. Diese Betriebstemperatur ist hoch genug, um Metallverbindungen zu verdampfen. Die Metallatome, etwa Natrium, und andere Substanzen wie Metallhalide stoßen mit Elektronen zusammen und emittieren Photonen.

Dies ist das Licht welches wir sehen. Die Farbtemperatur beträgt 6000K und ist kälter als die eines Halogenbrenners mit 3600K. Die Farbwiedergabe von roten Objekten ist bei einem Gasentladungsbrenner nicht so intensiv wie bei einem Halogenbrenner. Die Tragweite des Lichts unter Wasser ist durch den höheren Blauanteil wesentlich grösser. Der Brenner wird deshalb von uns für Süßwassertauchgänge empfohlen. Ein Vorschaltgerät ist zwingend zum Betrieb einer Gasentladungslampe erforderlich. Ansonsten würde der Entladungsstrom, durch die zu ihrer Funktion erforderliche Stoßionisation, immer weiter ansteigen, bis die Lampe zerstört wird oder die Sicherung anspricht. Das Vorschaltgerät enthält auch die erforderliche Zünd- und Starteinrichtung. HID Lampen besitzen ein hervorragendes Licht / Energie-Verhältnis, dass heißt sie, geben sehr viel Licht, bei einem relativ geringen Energieverbrauch, ab.

LED Leuchtmittel arbeiten nach einem völlig anderen Grundprinzip. Es wird kein Wolframfaden oder Gas erhitzt, Licht wird durch den Elektronenfluss im Halbleitermaterial erzeugt. Die Vorteile gegenüber der herkömmlichen Glühlampe: Die LED verbraucht weniger Energie, erzeugt weniger Wärme, ist unempfindlich gegenüber Erschütterungen, erreicht deutlich kürzere Schaltzeiten und hat eine hohe Lebensdauer. Dem LED Leuchtmittel gehört auch bei den Tauchlampen sicherlich die Zukunft. Verschiedene Hersteller haben inzwischen Lampen mit diesen Leuchtmitteln auf den Markt gebracht Ein Problem der Vergangenheit war die Fokussierung bei LED Lampen. Die ist besonders dann wichtig, wenn mit Führungsleinen gearbeitet wird.

Unabhängig von der Akku- und Leuchtmittelfrage, ist auch die Frage des Lichtstrahls von Bedeutung. Ist der Brenner nicht fest mit dem Reflektor verbunden, kann der Lichtstrahl durch Positionsänderung des Leuchtmittels verändert werden. Ein Spot-Lichtstrahl ist hilfreich, um der Führungsleine zu folgen und mit dem Partner zu kommunizieren. Das Gegenteil, also ein Flood-Lichtstrahl, leuchtet einen möglichst weiten Bereich aus und ist hilfreich bei der Orientierung in Wracks und Höhlen. Nicht alle Tanklampen bieten diese Verstellmöglichkeit und haben trotzdem hervorragende Lichteigenschaften aufgrund von sorgfältig ausgewählten Reflektoren.

Die Brennzeit der Lampe sollte auf jeden Fall 50% über der Tauchzeit liegen. Dies gibt einen ausreichenden Sicherheitspuffer in Bezug auf nicht richtig geladene Lampen, abnehmende Akkukapazitäten und ähnliches. Lampen, insbesondere HID Lampen sind dank ihrer nicht unkomplizierten Startelektronik, elektronische Bauteile. Inwieweit der Benutzer weitere elektronische Ausstattungen (Dimmung, Tiefentladeschutz) akzeptiert, hängt von seinem eigenen Vertrauen in die Technik ab. Elektronische Bauteile können genauso ausfallen wie gesamte Lampen. Licht ist für Wrack und Höhlentaucher lebenswichtig. Sich auf eine Lichtquelle zu verlassen, ist nicht zu verantwortender Leichtsinn.

Backup Lampen

Ohne funktionierende Lampe aus einer Umgebung ohne Tageslicht herauszutauchen, ist eine Aufgabe auf deren Bewältigung man gerne verzichten kann. Die Bedeutung von Backup Lampen kann nicht oft genug betont werden. Eine einfache und solide Technik führt dazu, dass die Lampe im Ernstfall fehlerfrei funktioniert. O-Ring abgedichtete Stablampen, ohne separaten Ein- und Ausschalter, haben sich in der Praxis bewährt. Bei den Backup Lampen hat die LED Technik, aufgrund ihrer Lichtstärke bei langer

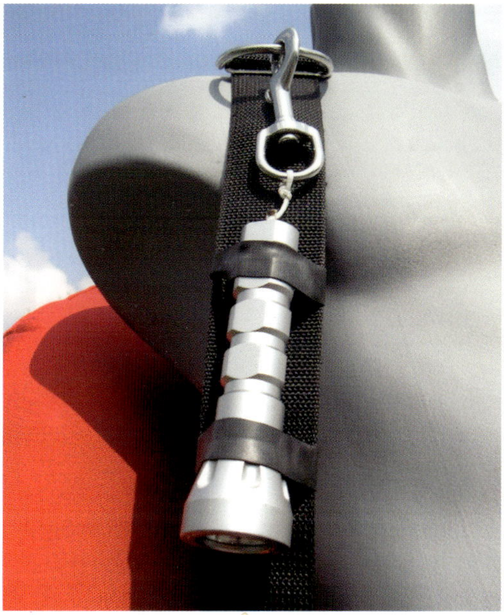

Eine gute Position für die Back Up Lampe.

Brenndauer, alle anderen Typen verdrängt. Eine 3 Watt LED bietet für eine Notfalllampe ausreichend Licht, um sich zu orientieren und mit dem Partner zu kommunizieren. Normalerweise werden die Ersatzlampen mit hochwertigen und überprüfbaren Alkali-Batterien und nicht mit Akkus bestückt. Backup Lampen werden selten eingesetzt, was je nach verwendeten Akkus zu massiven Verschleißerscheinungen und Kapazitätsverlusten führt. Batterien sollten regelmäßig getauscht werden. Vor jedem Tauchgang muss sowohl die Kapazität, als auch die Funktion der Lampe überprüft werden. → wie bei Batterien?

Aufgrund der hohen Bedeutung von Licht, werden bei Wracktauchgängen mit Penetration und Höhlentauchgängen zwei Backup Lampen eingesetzt. Eine gute Position, diese zu verstauen, ist unterhalb der D-Ringe auf dem Gurtband. Gehalten werden sie durch die aufgeschobenen Gummibänder und sind durch einen Karabiner gesichert. Natürlich kann die Backup Lampe auch in den Anzugtaschen verstaut werden, so lange sie im Notfall schnell und problemfrei zu erreichen ist.

5.08 Stageflaschen

Als Stageflaschen (kurz Stages) werden die Zusatzflaschen bezeichnet, die zusätzlich zum Doppelgerät mitgeführt werden. Hierin werden Dekogase und Travelmixe mitgeführt. Während Stahl beim Doppelgerät das beste Material ist, ist es für die Stageflaschen denkbar ungeeignet. Stahlflaschen verfügen über einen nicht unerheblichen Abtrieb, was dazu führt, dass sie nur paritätisch rechts links getaucht werden können, da sonst absolut kein Balance gegeben ist. Schon bei zwei 12er Stahlstages ist der Taucher deutlich überbleibt. Das Handling (also der Umgang) mit den Flaschen ist, auch aufgrund des starken Abtriebs, sehr schwierig. Jedes Ablegen oder Weiterreichen führt zu einer deutlichen Schwankung im Trimm, der dann immer sofort ausgeglichen werden muss.

Stageflaschen sollten also aus Aluminium sein, da sie im Wasser nahezu auftriebsneutral sind (leicht negativ im gefüllten Zustand / leicht positiv im leeren Zustand).
Aluminiumflaschen gibt es in metrischen (7 und 10 Liter) und imperialen Größen (40 und 80 CF Kubikfuss). Volumenmäßig liegen die Größen eng beieinander: 40 CF sind ca. 5.7 Liter und 80 CF ca. 11,1 Liter. Die imperialen Größen werden von vielen Tauchern bevorzugt, da sie vom Durchmesser / Längen Verhältnis besser sind.

Stages werden mit einem Rigging Kit versehen, damit sie an der Wingbebänderung eingehängt werden können.

Rigging Kits gibt es in den unterschiedlichsten Ausstattungen. Damit eine optimale Wasserlage erzielt wird, ist es wichtig, dass sich ein Befestigungspunkt am Flaschenhals befindet und ein anderer im unteren Flaschendrittel. Meist wird der untere Befestigungspunkt über eine Schlauchschelle hergestellt, die ein Band fixiert, in welches der Karabiner eingehängt wird. An der Schlauchschelle kann auch direkt ein D-Ring befestigt sein, der als Befestigungspunkt für den Karabiner dient. Der obere Befestigungspunkt wird meist über ein Band / Seil hergestellt, welches um den Flaschenhals geschlauft wird. Auf welches Rigging System der Taucher zurückgreift, obliegt sehr seinen eigenen Vorlieben und Einsatzbedingungen. Zwei Punkte sind wichtig:

1. Karabiner und Bolt Snaps können klemmen. Ist dies der Fall, kann die Flasche nicht abgelegt werden, wenn eine feste Stahl-Stahl Verbindung gewählt wurde. Dies kann vermieden werden, wenn entweder der Karabiner über ein Seil / Band mit der Flasche verbunden wird, welches im Bedarfsfall abgeschnitten werden kann oder mit Hilfe eines Kettengliedes, welches einfach aufgeschraubt wird und so den Karabiner freigibt.

2. Die Karabiner / Bolt Snaps müssen groß genug sein, um auch mit dicken Handschuhen einwandfrei bedient werden zu können. Butterfly Karabiner sind einfach zu bedienen, aber Leinen können, ohne dass der Karabiner geöffnet ist, in das Auge eingezogen werden. Bei Bolt Snap Karabinern ist das nicht der Fall, aber das Handling ist etwas schwieriger. Bewährt haben sich die Bolt Snaps mit einer Größe von 12 cm.

Stage Flaschen fest mit dem Doppelgerät zu verbinden (sie also auf dem Rücken zu tragen) macht aus verschiedenen Gründen wenig Sinn. Die Flasche (und somit auch das Flaschenventil) ist kaum zu erreichen, somit muss das Ventil die ganze Zeit geöffnet sein, was zu einem unbemerkten Gasverlust führen kann. Allgemeine Praxis ist es, Stages vor dem Einstieg ins Wasser zu öffnen und somit das System unter Druck zu setzen, dann aber das Ventil wieder zu schließen und es erst beim Gaswechsel auf die Flasche wieder zu öffnen. Beim Bubble Check auf 5 Meter sollte überprüft werden, ob das System noch unter Druck steht, da insbesondere bei einem Einstieg von Tauchbooten, Gas über die Zweite Stufe entweicht und das System dann drucklos ist und Wasser eindringen kann. Neben der Unerreichbarkeit ist auch die Breite/Höhe von Nachteil, wenn Engstellen in einer Höhle oder einem Wrack passiert werden müssen.

Eine der Lieblingsdiskussionen beim Technischen Tauchen ist die Frage, wo die Stageflaschen getragen werden. Nur links? Rechts und links? Je nach Situation? Es gibt unterschiedliche Argumente, die angeführt werden, um Positionen zu rechtfertigen.
Nur links: Dafür sprechen hauptsächlich zwei Argumente: Das Eine ist sicherlich der Einsatz eines Tow-Behind-Scooters, welcher der momentan gebräuchlichste Scootertyp beim Technischen Tauchen ist. Dessen Vortrieb wird extrem gestört, wenn sich Stages auf beiden Seiten befinden. Ebenso wird der Longhose durch eine rechts eingehängte Stage verdeckt, es ist deutlich komplizierter, die volle Länge des Schlauches zur Verfügung zu stellen.

Rechts und links: Die Zuordnung der Gase ist sehr viel einfacher und eindeutiger. So wird in der Regel links das starke, rechts das schwache Dekogas getragen. Beim Einsatz von drei Stages: links die beiden stärkeren Dekogase, rechts das schwächere oder das Travelmix. Aufgrund des geringeren seitlichen Aufbaus, reduziert sich der Wasserwiderstand, wenn Stages rechts und links verteilt sind. Drei oder vier Dekoflaschen, die alle links eingehängt sind, machen einen springenden Einstieg von einem Boot mit hohen Seitenwänden zu einer echten Herausforderung.

Letztendlich ist die Frage kaum zu beantworten – unterschiedliche Situationen machen unterschiedliche Vorgehensweisen erforderlich.

Dies gilt auch, wenn die Anzahl der Stages, aufgrund sehr langer oder sehr tiefer Tauchgangsprofile zunimmt und aufgrund des Einsatzes eines Scooters auch noch alle links platziert werden müssen. Hier hilft ein ‚Loop', eine Schlaufe mit einem Durchmesser von ca. 15 cm, die mittels Bolt Snap in den unteren D-Ring eingehängt wird. In diesen Loop werden dann die Stages eingehängt, wodurch sie aus dem Oberkörperbereich verschwunden sind und die benötigte Bewegungsfreiheit erhalten bleibt. Bei Bedarf wird der Loop mit allen eingehängten Stages vor den Körper gezogen und die benötigte Flasche ausgehängt. Es klingt komplizierter als es ist, trotzdem bedarf das Procedere einiges an Übung, damit es zügig durchgeführt werden kann.

Ein weiterer wichtiger Punkt bei den Stages ist deren Beschriftung. Diese muss eindeutig und auch leicht zu erkennen sein. Gase in den Stageflaschen haben, in Bezug auf die Tiefe, einen sehr speziellen Einsatzbereich. Verwechslungen können tödlich sein. Einheitliche Beschriftungen oder Kennzeichnungen gibt es leider nicht. Aber aufgrund der Standardisierung der Gase haben sich einige Beschriftungsarten durchgesetzt. Die MOD gehört auf die Flasche und zwar so, das sie von allen Seiten zu lesen ist. Die Zahlen müssen entsprechend groß sein (ca. 10 cm).

Natürlich müssen alle Gase vor dem Tauchgang analysiert werden. Es reicht aus, einen kleinen Aufkleber unterhalb der Ventilöffnung auf dem Flaschenhals anzubringen. Auch hier wird die MOD in Metern angegeben. Dazu der Inhalt der Flasche (O2/HE) und das Datum der Füllung / Gasanalyse.

Eine weitere grundsätzliche Frage, die regelmäßig auftaucht, ist die, ob Stages unter Wasser abgelegt oder die ganze Zeit am Körper getragen werden. Hierauf gibt es eine relativ einfache Antwort: Führt der Rückweg 100% an der Ablegestelle wieder vorbei, können die Stages problemlos deponiert werden. Dies ist in vielen Höhlen und auch in einigen Wracks der Fall. Passiert der Taucher die Ablagestelle nicht, hat er ein deutlich größeres Problem als fehlende Dekogase. Komplizierter wird der Sachverhalt, wenn Ein- und Ausstiegspunkt nicht identisch sind. Bei verschiedenen Tauchgängen ist es vorgekommen, dass Taucher abgelegte Stages nicht wiederfanden, da sie das Wrack an einer ganz anderen Stelle verlassen haben oder dann aufgrund von Orientierungs- oder Gasschwierigkeiten das Depot nicht wieder gefunden haben oder erreichen konnten. Deko auf einem stark hypoxischen Gas kann sehr lange dauern und selbst die konservativste Gasplanung erreicht hierbei ihre Grenzen.

Dekogase werden nicht redundant mitgeführt, da sonst die Anzahl der Stages unbeherrschbare Ausmaße annimmt. Redundanz bietet der Buddy – eines der stärksten Argumente gegen Solo Tauchen im technischen Bereich. Die Gasplanung muss also so ausgelegt sein, dass sie im Bedarfsfall sowohl für den Taucher als auch für den Buddy reicht. In der Regel die Hälfte, plus eine X-Zugabe für die Sicherheit.

Richtig positionierte/befestigte Stages legen sich parallel zum Körper und bieten einen recht geringen Wasserwiderstand.
Foto Daniel Riordan BTS Europa

Stageatemregler

Auch die Stageatemregler müssen hochwertig, balanciert und kaltwassertauglich sein. Die Erste Stufe sollte über einen drehbaren Kopf verfügen, da dies für wechselnde Schlauchführungen (verstaut / im Einsatz) von Vorteil ist. Der Mitteldruckschlauch sollte ca. 100 cm lang sein, so kann er problemlos über die linke Schulter geführt werden und kommt wie gewohnt von der rechten Seite. Dies ist natürlich nicht der Fall, wenn die Stage rechts getragen wird. Der Schlauch vom Stageatemregler wird parallel zur Flasche gelegt und befestigt. Meist werden hierfür Gummiringe benutzt, die aus Autoschläuchen zurecht geschnitten werden. Unter diese Ringe wird der Niederdruckschlauch geschoben und somit fixiert. Inzwischen bieten verschiedene Hersteller Stage Straps an, die ebenfalls dazu dienen, den Atemreglerschlauch zu fixieren und das Handling zu erleichtern. Sie bestehen aus einem elastischen Band und sind so zusammengenäht, dass ein Griffpunkt entsteht, der es sehr einfach macht, den Schlauch wieder zu fixieren, nachdem er benutzt wurde.

Die Stage muss mit einem Finimeter versehen werden. Die meisten Taucher greifen auf kompakte Metallfinimeter zurück, die über eine gut ablesbare 300 bar Skala verfügen. Der Hochdruckschlauch ist 15 cm lang und das Fini wird hochgebunden, somit ist es unter Wasser sehr leicht abzulesen. Mit Schützern ist dies nicht möglich. Auch ein weiterer Grund dafür, dass sie auch bei den Stagefinimetern nicht eingesetzt werden.

Minifinis, die direkt an die Erste Stufe eingeschraubt werden, sieht man zwar selten beim Technischen Tauchen, trotzdem sollte man sie nicht unerwähnt lassen. Natürlich ist die Ablesbarkeit alles andere als optimal. Eine adäquate Gasplanung ist jedoch grundsätzlich

Voraussetzung für jeden Technischen Tauchgang. Viele Technische Taucher überprüfen den Gasdruck mit separaten Prüfmanometern, da dies vom Handling sehr viel einfacher ist, als mit Atemreglern. Das Minifini dient unter Wasser nur zur groben Orientierung, wem dies ausreicht, der kann den Vorteil einer übersichtlichen Kompletteinheit mitnehmen.

Stage mit Atemregler und hochgebundenem Fini. Die Stage Straps fixieren den Schlauch und lassen sich dank der kurzen Lasche einfach hochziehen.

5.09 Instrumente und Zubehör

In der Vergangenheit war von vielen Technischen Tauchern oft die Aussage zu hören, dass die Ausrüstung ein Vermögen kostet. Aber bei den Instrumenten würde der ‚Durchschnittstechie' weniger ausgeben, als der normale Sporttaucher. Diese Aussage hat aufgrund der rasanten Entwicklung in der Computerbranche an Wahrheitsgehalt verloren.

Generell reicht nach wie vor der Einsatz von digitalen Tiefenmessern aus. Die Dekompressionsplanung erfolgt am PC oder per vorgefertigter Tabellen oder nach dem ‚Deko on the fly' Prinzip. All diese Methoden werden ausführlich im Kapitel Tauchgangsplanung behandelt. Auch Instrumente sollten redundant vorhanden sein. Der Tauchpartner stellt nur eine unzureichende Sicherheitsreserve dar. In der Regel werden die Tiefenmesser auf dem rechten Unterarm getragen. Hier können ohne Probleme zwei Tiefenmesser und eine Schreibtafel untergebracht werden, ohne dass diese den Taucher stören. Natürlich kann der redundante Tiefenmesser auch in der Tasche vom Trockentauchanzug verstaut werden. Dort befindet sich auch der Kompass, wenn dieser nicht auf dem Handrücken getragen wird. Alle Standardbänder werden gegen elastische Seile getauscht. Dies vermeidet lose rumhängende Enden und erleichtert wesentlich das An- und Ausziehen.

Wer mit Runtime Tables taucht, kann diese mit wasserdichtem Edding auf weißem Panzertape aufschreiben und auf die Armslate kleben. Da diese dreigeteilt sind, können hier auch problemlos die beiden Notfallpläne notiert werden. Vorgefertigte Tabellen werden in die Wetnotes eingetragen oder eingeheftet und bei Bedarf hervorgeholt.

D-Ringe und Karabiner

Bei den D-Ringen und Karabinern gibt es zwei wichtige Punkte, die zu beachten sind: Material und Größe. Der erste Punkt ist einfach zu erklären: Während in der Vergangenheit auch verchromtes Messing zum Einsatz kam, ist heute die gesamte Hardware aus Edelstahl.

Der zweite Punkt – die Größe ist abhängig vom Einsatzzweck. Es ist offensichtlich, dass eine Stage einen größeren Karabiner benötigt, als die Wetnotes oder die Backup Lampe. Hier gilt: So groß wie nötig – so klein wie möglich. Natürlich muss insbesondere bei den kleinen Karabinern die Bedienbarkeit auch mit dicken Handschuhen gewährleistet sein. Was unmittelbar zum nächsten Punkt führt: Karabinertypen. Butterfly Karabiner sind wegen ihres Aufbaus leichter zu bedienen, als Bolt Snap Karabiner. Dieser Vorteil wird jedoch mit einem Nachteil erkauft: Aufgrund seiner Form können sich Leine und Schnüre selbständig einfädeln. Die Wahrscheinlichkeit hierfür ist allerdings so gering, wie die Wahrscheinlichkeit, dass sich mehrere an einem D-Ringe eingehängte Butterflys ineinander verhaken. Das passiert in der Regel nur dann, wenn der Taucher die Karabiner bedient und dann beim Einhängen nicht den D-Ring, sondern den anderen Karabiner trifft. Diese versehentliche Fehlbedienung ist auch bei Bolt Snap Karabinern nicht auszuschließen. Eine Öffnung dieses Karabinertyps setzt eine bewusste Handlung voraus. Ein selbständiges Verfangen von Seilen und Schnüren ist bei diesem Typ unmöglich. Das schwierigere Handling kann, mit ausreichend Übung, problemlos beherrscht werden. Karabiner, egal welchen Typs, können Fehlfunktionen des Öffnungsmechanismuses aufweisen. Von daher ist es ratsam, einen Sicherheitspuffer einzubauen, der sich im Notfall öffnen oder durchtrennen lässt. Nicht zu öffnende Stahl auf Stahl Verbindungen sollten vermieden werden. Eine Möglichkeit ist der Quick Link, ein Karabiner mit Verschraubung, damit können Karabiner und D-Ring voneinander getrennt werden. Für Kleinteile, wie zum Beispiel Backup Lampe und Finimeter, ist ein Stück Caveline, welches im Bedarfsfall mit dem Messer durchtrennt wird, besser geeignet. Ein Sonderfall sind Doppelender-Karabiner, die beidseitig zu öffnen sind. Diese eignen sich besonders gut für alle Gegenstände, die in den Anzugtaschen verstaut werden.

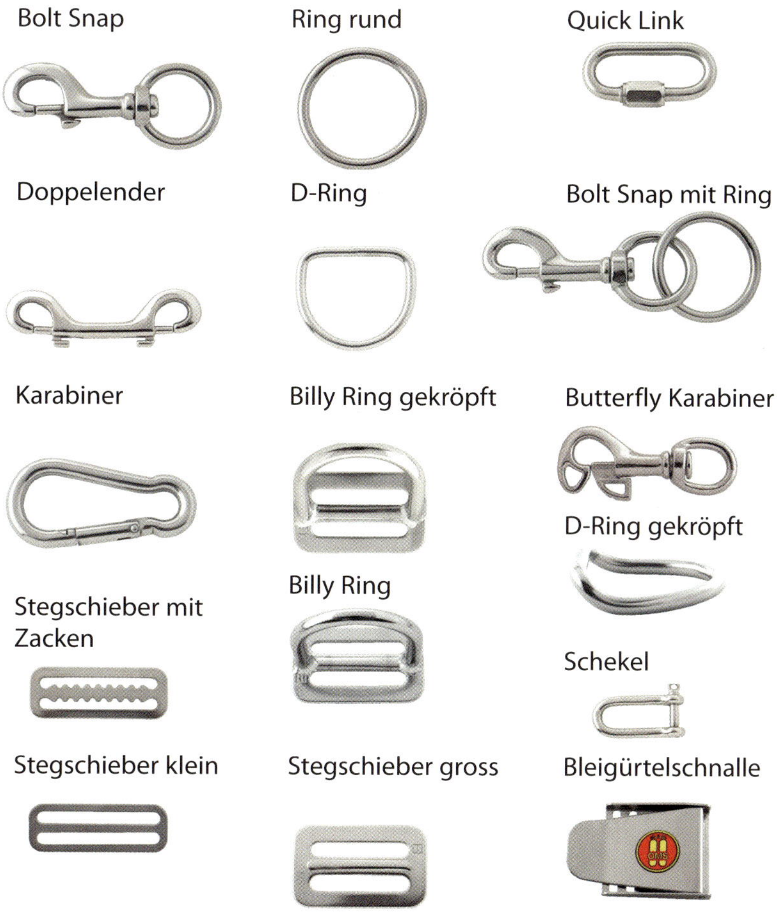

Sehr klein – überaus wichtig und Inhalt vieler heftiger Diskussionen: Karabiner und D-Ringe.

Eine ähnliche Diskussion wie bei den Karabinern gibt es auch bei den D-Ringen. Generell wird der D-Ring über einen Stegschieber (Bleistopper) auf der Bebänderung fixiert. Wird diese lose Verbindung gewählt, ist der D-Ring frei beweglich und legt sich flach auf die Bebänderung. Allerdings kommen bei den D-Ringen im Schulterbereich gekröpfte Ringe zum Einsatz. Diese weisen eine leichte Wölbung auf und stehen immer ein wenig ab. Wäre dies nicht der Fall, würde das Einhängen von Stages zu einer echten Herausforderung. Das gleiche Argument wird von den Anhängern der Billy Rings angeführt. Hierbei handelt es sich um D-Ringe, die fest auf einen Stegschieber geschweißt sind und in einem vorgegebenen Winkle abstehen (in der Regel 45° oder 90°). Das erleichtert das Einhängen der Stages, da sich die arbeitende Hand ausschließlich um den Karabiner kümmern kann und nicht gleichzeitig den D-Ring in Position halten muss. Mit richtiger Montage vermeidet man unangenehmen Druck durch die Billy-Ringe. Ein weiterer Kritikpunkt an den Billy-Ringen ist es, dass sie den Taucher beim Passieren einer Engstelle einkeilen können. Bei eingehängter Stage ist dies unmöglich, da sie sich zwischen D-Ring und Höhlen- oder Wrackwand befindet. Hinzu kommt, dass die Restriction sehr klein sein muss, damit überhaupt das Risiko entsteht, dass der Taucher sich mit einem 50mm abstehenden D-Ring verkeilt. Für die meisten Technischen Taucher liegen solche Passagen jenseits der Leistungsgrenze. Es bleibt natürlich das Argument, dass mit ein wenig Übung das Ein- und Aushängen von Stages auch bei nicht feststehenden D-Ringen zu bewerkstelligen ist. Billy Ringe als todbringendes Equipment zu bezeichnen, schießt weit übers Ziel hinaus und ist jeglicher konstruktiven Diskussion wenig nützlich.

Schneidewerkzeuge

Es gab Taucher, die haben sich ein Rambo-Style-Tauchmesser zugelegt, bevor sie eigene Flossen besaßen. Das Messer gehört zur Grundausstattung und dies ist beim Technischen Tauchen nicht anders. Natürlich gehört das Messer nicht an die Wade, da diese im Ernstfall nicht immer erreicht werden kann und das Messer selbst das Risiko birgt, sich zu verfangen. Es gibt unterschiedliche Positionen, die sich für die Aufnahme des Messers eignen. Hierzu gehört sicherlich der Bauchgurt, der Faltenschlauch vom Inflator oder der Godman Handle. Wichtig ist, dass die Position so gewählt ist, dass weder die Gefahr des Verlustes noch des Verfangens besteht. Bei den genannten Positionen ergibt es sich von selbst, dass die Messer in der Größe beschränkt sind. Messer benötigen einen Andruckwiderstand, sonst sind sie völlig wirkungslos. Somit muss das Seil auf Spannung gebracht, gegen einen festen Gegenstand gedrückt oder in eine Schlaufe gelegt werden. Das Messer sollte entsprechend scharf und mit einem Wellenschliff ausgestattet sein. Ab einer bestimmten Seilstärke wird es schwierig, dieses mit einem Messer zu durchtrennen. Hierfür sind Scheren besser geeignet. Das gilt auch für Fischernetze. Besonders bei Netzen sollte der Taucher unbedingt Ruhe bewahren und sich so wenig wie möglich bewegen. Hierbei auf die Hilfe des Buddies zurückzugreifen, ist eine prioritäre Maßnahme. Auch die Schere sollte über einen Wellenschliff verfügen. Dieser verhindert, dass Seile rausgedrückt und nicht zerschnitten werden können. Das Messer wird am besten in die Anzugtasche gesteckt – hierbei sollte aber auf eine Schutzscheide oder zumindest einer Schutzspitze nicht verzichtet werden. Gute Scheren sind in der Lage, auch dünnen Draht zu zerschneiden. Ist die Schere nicht von guter Qualität, kann es sinnvoll sein, auch einen Seitenschneider mitzuführen. Egal ob Messer, Schere oder Seitenschneider: alle Schneidwerkzeuge müssen, auch wenn sie aus rostfreiem Edelstahl gefertigt sind, gegen Rost geschützt werden. Dies geschieht am besten mit einem feinen Silikonschutzfilm.

Eine regelmäßige Überprüfung verhindert im Ernstfall böse Überraschungen.

Masken

Undichte und schlecht sitzende Masken sind schon beim Sporttauchen unangenehm, bei einem Drei-Stunden-Tauchgang und einer Tauchtiefe von 100 Metern sind sie eine Katastrophe. Es ist sehr schwierig, eine allgemeine Empfehlung zu geben. Erlaubt ist was gefällt, dicht ist und komfortabel sitzt. Auch die Farbe ist nicht vorgeschrieben. Verzichtet werden sollte auf Ausblasventile oder Ohrenschutzkappen. Ein ‚Techie', der seine Maske nicht ausblasen kann, sollte ernsthaft über ein anderes Hobby nachdenken. Das Maskenband wird häufig durch ein Neoprenband ersetzt. Somit wird ein Reißen des Bandes nahezu ausgeschlossen. Trotzdem kann eine Beschädigung der Maske und ein dadurch bedingter Verlust nicht ausgeschlossen werden. Daher ist eine Ersatzmaske Pflicht. Sind optische Gläser erforderlich, muss auch die Ersatzmaske damit ausgestattet sein. Masken ohne starren Kunststoffrahmen (Frameless), lassen sich, da sie nur wenig Platz in Anspruch nehmen, einfach in den Anzugtaschen verstauen. Aber auch sie müssen auf eine gute Passform getestet werden.

Das Standardmaskenband wird häufig durch ein Neoprenband ersetzt.

Flossen

Sinn und Zweck einer Flosse ist es, einen für den Taucher, seine Ausrüstung und den dadurch erzeugten Wasserwiderstand adäquaten Vortrieb zu erzeugen. Der Wasserwiderstand ist beim Technischen Tauchen wesentlich höher als beim Sporttauchen. In der Sporttaucherei ging der Trend der letzten Jahre hin zu Kunststoff-Flossen mit immer weicheren Blättern. Fürs Technische Tauchen sind diese Flossen kaum geeignet. Flossen mit harten Blättern sind zwar schwieriger zu schwimmen, aber eine gewisse sportliche Leistungsfähigkeit wird bei Extremsportarten vorausgesetzt. Hinzu kommt, dass schwere Flossenblätter häufig Abtrieb haben und hierdurch die Wasserlage im Trockentauchanzug verbessert wird.

Der Verlust einer Flosse oder sei es nur der Verlust der Einsatzfähigkeit einer Flosse durch ein gerissenes Band, kann zu einer lebensbedrohlichen Situation führen. Da es fast unmöglich ist, eine Ersatzflosse störungsfrei und gleichwohl erreichbar zu verstauen, muss der Verlust oder Ausfall unbedingt vermieden werden. Ein wichtiger Schritt in die richtige Richtung ist der Einsatz sogenannter Spring Straps. Diese Edelstahlfedern ersetzen die herkömmlichen Fersenbänder und werden mit Metallbügel an der Flosse befestigt. Ein Brechen oder Reißen kann ausgeschlossen werden. Auch der Sitz der Flosse wird durch die erhöhte Spannung verbessert und das Verlustrisiko reduziert. Gute Spring Straps haben einen Begrenzungsfaden, der das Überdehnen verhindert.

Schwere Flossen mit harten Blättern und Spring Straps sind die beste Wahl fürs Technische Tauchen.

Reels und Spools

Ohne Führungsleine dringt man weder in ein Wrack noch in eine Höhle ein. Zu viele Taucher sind in der Vergangenheit tödlich verunglückt, weil sie den Weg zurück nicht gefunden haben.

Reels gibt es in den unterschiedlichsten Seillängen. Sie reichen von 30 Metern für kurze Vorstöße in ein Wrack bis zu mehreren hundert Metern für die Erkundung einer Höhle. Da die Seillänge unmittelbar die Größe eines Reels bestimmt, macht es Sinn, die richtige Größe für den entsprechenden Tauchgang auszuwählen. Die Leinentrommel der meisten Reels besteht aus Kunststoff, Achse und Griff aus einem nichtrostenden, bruchresistenten Metall. Der Aufbau sollte so einfach wie möglich sein. Ein Griff, der die Seiltrommel aufnimmt und eine Möglichkeit, die Trommel zu fixieren, sind die Grundbestandteile eines guten Reels. Keinesfalls darf es Leinenfallen oder scharfe Kanten geben. In vielen Höhlen befinden sich Permanent-Leinen. Bei diesen wird mit Hilfe von Richtungspfeilen der Weg zum Ausgang markiert. In Wracks findet man diese Permanent Leinen so gut wie nie. Auf dem Rückweg wird das Reel wieder aufgerollt. Es ist wichtig, dass die Leine mehrfach gesichert wird. Doppelt gesichert vor dem Einstieg und eine einfache Sicherung bei jedem Raumwechsel. Es ist kein erhebendes Gefühl, wenn einem plötzlich die eigene Leine beim Aufrollen entgegenkommt, weil sie sich an einem scharfkantigen Wrackteil durchgescheuert hat.

Das Reel kann gut an den seitlichen Hüft-D-Ringen befestigt werden. Je nach Größe auch am hinteren Schrittgurtring. Ab einer bestimmten Größe hängt es allerdings unangenehm zwischen den Beinen.

siehe Cavediver ←

auch am Schrittgurt befestigen?

Reels und Spools sind fürs Technische Tauchen unabdingbar. Sei es als Führungsleine oder zum Setzen einer Dekoboje.

Neben dem Reel führen Höhlen- und Wracktaucher immer eine (Safety-)Spool mit. Dies ist eine kleine Kunststoffrolle ohne jegliche Anbauten, auf der sich bis zu 30 Meter Leine befinden. Die Spool wird für unterschiedliche Aufgaben benötigt. Fast alle Taucher benutzen sie inzwischen zum Setzen ihrer Dekoboje, da der Umgang mit der fast auftriebsneutralen Spool sehr viel leichter ist, als mit einem Reel. Sowohl in der Höhle, als auch im Wrack kann man die Spool für verschiedene Suchmuster einsetzen. Auch können Spools zur Überbrückung von kurzen Distanzen zwischen zwei Führungsleinen oder zwei Räumen genutzt werden. Die Spool passt aufgrund ihrer geringen Größe problemlos in die Anzugtaschen.

Je nach Einsatzzweck variieren die verwendeten Leinen leicht. Auf jeden Fall sollte es sich um helle, nicht schwimmfähige, widerstandsfähige Kunststoffleinen handeln. Beim Wracktauchen empfiehlt es sich, etwas stärkere Leinen (ca. 4mm Durchmesser) einzusetzen, da auch bei einer sorgfältig verlegten Leine immer das Risiko des Durchscheuerns besteht. In Höhlen spielt der Faktor Leinenmenge eine bedeutende Rolle, es wird meist auf eine 2mm starke Leine zurückgegriffen.

Dekoboje (Hebesack)

Bei Tauchgängen mit langen Dekozeiten in offenen Gewässern, bei denen kein Dekorigg eingesetzt wird, ist es ratsam, mit Hilfe von Spool und Dekoboje (Hebesack) eine Aufstiegshilfe zu setzen. Die Dekoboje sollte eine Kapazität von ca. 25 Litern besitzen. Die klassische Hebesack Form besitzt die größte Stabilität an der Wasseroberfläche.

Meist werden geschlossene Bojen benutzt, da diese auch bei starkem Wellengang nicht die Luft verlieren. Obwohl sie sehr unterschiedlich gefüllt werden, funktionieren beide Verschlusstechniken (Entenschnabel / komplett geschlossen) in der Praxis einwandfrei. Komplett geschlossene Bojen werden mit dem Inflatorschlauch befüllt, ein Procedere, das ein wenig Übung erfordert. Natürlich sind die Anschlüsse so konstruiert das die Inflatorkupplung nicht arretiert. Die Variante mit dem Schnabelventil wird über eine Zweite Stufe befüllt.

Wie schon erwähnt, werden die Dekobojen nicht mehr mit dem Reel, sondern mit der Spool gesetzt. Nicht nur dass eine Spool nahezu auftriebsneutral ist, sie besitzt auch keinerlei Leinenfallen, in denen sich abrollendes Seil verfangen kann. Der Doppelender wird nicht dafür benutzt, Spool und Dekoboje miteinander zu verbinden, er dient als Bremse, nachdem die Boje gesetzt wurde. Das Seil wird mit einer Öffnung des Doppelender gefasst und dieser dann in eins der Spoollöcher eingehakt. Diese Bremse funktioniert bestens, trotzdem ist es nicht ratsam, die Spool mit Hilfe des Doppelenders in einen D-Ring der Bebänderung einzuhaken und dann deutlich negativ tariert die Dekozeit ‚abzuhängen'.

Wracktaucher benutzen meist zwei Bojen. Eine Rote Standardboje und eine gelbe Boje, die im Notfall eingesetzt wird und als Kommunikationsmittel mit dem Support Team oder der Boots Crew dient (mehr dazu im Kapitel Tauchgangsplanung).

Für die Boje gibt es unterschiedliche Positionen. Dabei muss aber bedacht werden, ob eine oder zwei Bojen zum Einsatz kommen. Eine gute Möglichkeit bieten Back Pad oder MC Storage Packs. Diese sind auf der Innenseite der Plate aufgeschraubt und haben unten eine Öffnung, in welche eine Boje geschoben werden kann. Auch die Taschen am Trockentauchanzug bieten Platz genug für eine Boje. Es gibt auch Bojenhalter, die unten in die Plate eingehangen werden und Platz für Haupt- und Notboje bieten.

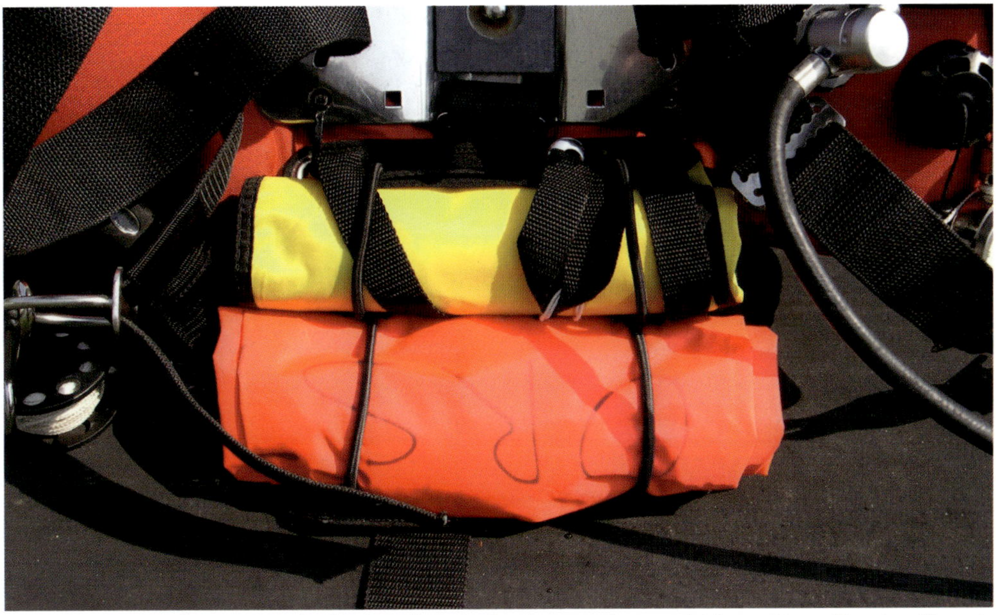

Ein Bojenträger kann unterhalb der Plate befestigt werden und bietet Platz für eine Haupt- und eine Notfallboje.

Sauerstoff und Ausrüstung

SDI TDI

Kapitel 6

Aus physiologischer Sicht überwiegen beim Einsatz von Sauerstoff die Vorteile bei weitem die Risiken. Doch aus technischer Sicht ist der Umgang mit reinem Sauerstoff problematisch. Sauerstoff ist mit vielen Materialien und Schmiermitteln, die an normalen Tauchausrüstungen verwendet werden, nicht kompatibel. Solche Materialien und Schmiermittel können bei hohen Sauerstoffdrücken versagen, sich auflösen oder sich entzünden.

Es ist wichtig zu verstehen, dass nicht Sauerstoff, sondern der Treibstoff brennt. Sauerstoff beschleunigt nur diesen Vorgang. Silikonfette, Öle und Schmiermittel, die aus Kohlenwasserstoffen bestehen, können sich entzünden. Öle, die als Schmiermittel bei Atemluftkompressoren verwendet werden, können entflammbar sein. Mit anderen Worten – viele der standardmäßig verwendeten Schmiermittel der Tauchindustrie sind für den Gebrauch von Sauerstoff-Systemen nicht geeignet. Einige der O-Ringe in Atemreglern und Ventilen können schnell abbauen und sich bei Anwesenheit von Sauerstoff unter Hochdruck auch entzünden.

Stellen wir uns eine kleine Metallröhre vor, die an einem Ende verschlossen ist. Wurde sie an einen unter Hochdruck stehenden Sauerstofftank angeschlossen und schnell unter Druck gesetzt, bewegen sich Sauerstoffmoleküle sehr schnell durch die Röhre, bis sie am Ende der Röhre plötzlich gestoppt werden. Während sich am Ende der Röhre der Druck aufbaut, steigt die Temperatur. Das Gleiche passiert beim Füllen des Tanks. Interessant ist, dass die Temperatur an kleinen Stellen auf außergewöhnliche Werte ansteigen kann – bis auf über 1000°. Bei solchen Temperaturen können kleine Partikel von Schmiermitteln und Ölen ‚blitzen' und potentiell ein Feuer verursachen. Dieser Vorgang wird ‚adiabatische Kompression' genannt. Schneller Druckaufbau verursacht einen Temperaturanstieg. In einer reinen Sauerstoffumgebung kann alles brennen, sogar rostfreier Stahl.

Die gute Nachricht ist, dass ein Feuer kaum ausbrechen kann, weil es gewöhnlich an ausreichendem Treibstoff fehlt. Die schlechte Nachricht ist, dass alle Öle und Fette, die ‚blitzen', Kohlenmonoxid produzieren. Dass ein System nicht Feuer fängt bedeutet nicht, dass der Taucher keiner Gefahr ausgesetzt ist.

Aus diesem Grund müssen Tanks, Tankventile und Atemregler von einem qualifizierten Techniker behandelt werden, bis sie sauerstoffrein sind. Dazu werden alle Teile zerlegt, entfettet und gereinigt. Oftmals werden O-Ringe, Ventilsitze und andere Teile gegen solche ausgetauscht, die sauerstoffkompatibel sind. Bevor man alle Teile wieder zusammengebaut, werden alle Teile mit einem sauerstoffkompatiblen Schmiermittel behandelt. Viele Hersteller von Ausrüstungen bieten Flaschen und Atemregler an, die bereits sauerstoffrein sind. Bei der Anschaffung sollte also der spätere Einsatzzweck direkt in die Überlegung mit einbezogen werden.

Stege? O_2 rein?
Atemregler + Fini O_2 rein?

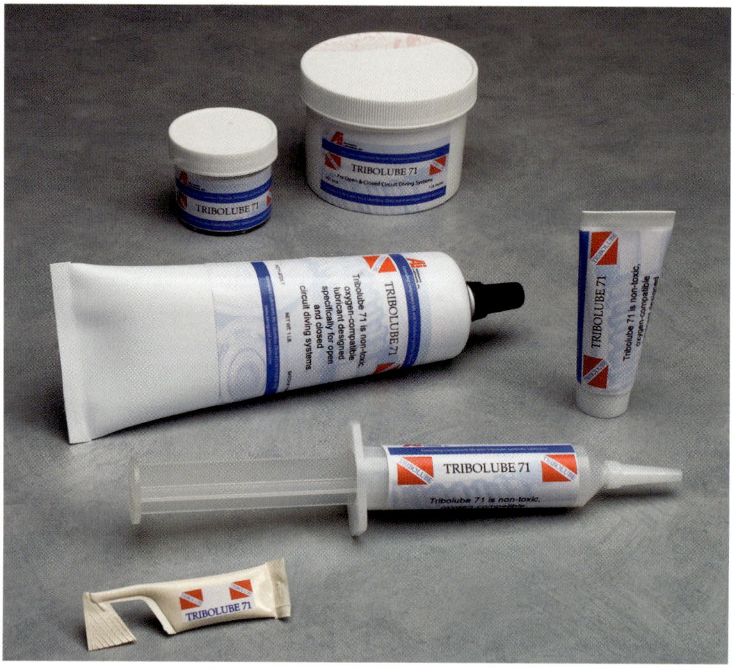

Wenn hochprozentige Sauerstoffgemische zum Einsatz kommen, müssen sauerstofftaugliche Schmiermittel benutzt werden.

Einmal gereinigtes Equipment sollte auch wie solches behandelt werden. Generell liefern Kompressoren, die im Tauchsport eingesetzt werden, Luft mit einem sehr hohen Reinheitsgrad. Kompressoren sind allerdings auch wartungsintensive Hochleistungsmaschinen, die einem gewissen Verschleiß ausgesetzt sind. Der Einsatz von Personalfiltern bietet ein Plus an Sicherheit vor Verunreinigungen, die über den Kompressor in die Flasche gedrückt werden können. Gleiches gilt auch für sauerstoffreine Atemregler. Diese sollten ausschließlich an ‚sauberen' Flaschen verwendet werden. Verunreinigte Flaschen, die häufig vorkommen, können gecleante Regler wieder verunreinigen.
Flaschen und Atemregler, die für den Gebrauch von hohen Sauerstoffgemischen gedacht sind, sollten gekennzeichnet sein und separiert werden.

Ausrüstungsgegenstände wie Trockentauchanzüge und Auftriebskörper, die nur geringem Druck ausgesetzt sind, benötigen keinen speziellen Service. Hochdruckschläuche und Finimeter sollten jedoch direkt ab Werk sauerstofftauglich sein, da bei ihnen keine Reinigung vorgenommen werden kann.

6.01 Kennzeichnung der Ausrüstung

Einige Hersteller und Taucher markieren Nitrox - Atemregler mit einer farbigen Abdeckung für die Zweite Stufe, um die Identifizierung zu erleichtern. Gegebenenfalls können die beiden hohen Sauerstoff-Dekompressionsgase (50er Nitrox und reiner Sauerstoff) auch mit unterschiedlich farbigen Deckeln versehen werden. Obwohl es keine einheitliche Regel gibt, hilft dies doch dem Taucher, seine Ausrüstung zu unterscheiden. Einige Technische Taucher verwenden auch unterschiedliche Mundstücke auf ihren Sauerstoffatemreglern, um eine Gasverwechslung bei schlechter Sicht auszuschließen. Egal welches Variante gewählt wird, sollte man sich nach der Entscheidung strikt daran halten. Nur Routineabläufe gewähren in Stresssituationen eine gewisse Sicherheit.

Unterschiedlich farbige Deckel der Zweiten Stufe erleichtern es die Ausrüstung auseinander zuhalten.

Flaschen müssen für den Gebrauch von Nitrox gekennzeichnet sein. Ein großer NITROX – Aufkleber lässt für jeden Taucher deutlich erkennen, dass diese Flasche nicht mit Pressluft gefüllt ist und nicht auf jeder Tiefe gefahrlos geatmet werden kann. Gleiches gilt für die Doppelgeräte: hier warnt ein Aufkleber CUSTOM MIX vor unbedarftem Einsatz.
Des Weiteren sind Aufkleber für OXYGEN und ARGON bei TDI erhältlich. So kann jeder Taucher seine Flaschen korrekt markieren und die Verwechslungsgefahr minimieren.

Flaschen die mit anderen Gasen als Pressluft gefüllt sind, sollten entsprechend gelabelt werden.

Bei Stageflaschen, die immer mit demselben Dekogas gefüllt werden, bietet es sich an, die MOD, also die maximale Einsatztiefe, auf den Flaschen anzubringen. Diese Vorgehensweise bietet unter Wasser dem Tauchpartner ein einfaches und sicheres Unterscheidungskriterium, welches insbesondere in Notsituationen von Vorteil ist. Ohne zu überlegen kann, aufgrund der aufgedruckten Tiefe, sehr schnell die richtige Flasche ausgewählt werden.

Die letzte nötige Kennzeichnung einer Flasche ist die ‚Inhaltsangabe'. Hierfür sind unterschiedliche Aufkleber erhältlich, graues oder weißes Panzerklebeband ist aber ebenfalls dafür geeignet. Die wichtigste Angabe ist die maximal erlaubte Tiefe (MOD). Sie wird mit GROSSEN Buchstaben und Zahlen lesbar gemacht. Als zweites wird das Gemisch benannt, das etwas kleiner geschrieben werden kann. Falls erforderlich, fügt der Benutzer seine Initialen hinzu, damit er weiß, welche Flaschen er bereits analysiert hat.
Gelegentlich wird auch noch der, die MOD bestimmende, PO_2 hinzugefügt. Die Markierung der Tauchflaschen, genau wie die Analyse des Falscheninhaltes, obliegt dem Taucher. Es kann nicht häufig genug betont werden, wie wichtig eine korrekte Labelung der einzelnen Flaschen ist. Ab diesem Stadium der Tauchausbildung gehört die Presslufttaucherei der Vergangenheit an. Unterschiedliche Gase haben unterschiedliche physiologische Eigenschaften und Verwechslungen können im schlimmsten Falle zum Tode führen.
Technische Taucher müssen Gewissenhaft mit ihrer Ausrüstung umgehen. Der Tauchgang beginnt lange bevor man ins Wasser steigt.

6.02 Sauerstoff-Analyse

Die Kontrolle des gefüllten Gases ist ein absolutes MUSS für jeden technischen Taucher. Fehler sind menschlich und können bei jedem Füllvorgang geschehen. Von daher gilt das ‚vier Augen'- Prinzip. Die gefüllten Flaschen werden doppelt kontrolliert. Einmal von der Füllstation und einmal vom Benutzer. Werden Gase in Eigenregie gefüllt, was sehr häufig der Fall ist, sollte eine Kontrolle eingeführt werden, die dem ‚vier Augen'- Prinzip entspricht. Die Anzahl von Sauerstoff-Analysern, hat in den letzten Jahren deutlich zugenommen. Jeder technische Taucher sollte über ein eigenes Analysegerät verfügen.

Einige Meßgeräte sind stoßfest und sogar wassergeschützt. Normalerweise sind alle Teile, die zur Überprüfung einer Flasche benötigt werden, komplett im Lieferumfang enthalten. Ein Sauerstoff-Messgerät besteht hauptsächlich aus zwei Teilen: einem Sensor und einem Display-Modul. Der Sensor erzeugt einen leichten Stromfluss in Kontakt mit Sauerstoff. Je höher der Sauerstoffanteil im Gas, desto mehr Strom wird erzeugt. Gemessen wird also der Partialdruck des Sauerstoffs. Erst die Elektronik des Gerätes rechnet den FO_2 aus und zeigt diesen im Display an. Der Grund für eine korrekte Ablesbarkeit ist, dass die Messung an der Oberfläche erfolgt, also bei einem Umgebungsdruck von ungefähr einem bar. Bei einem bar sind FO_2 und Gasdruck individueller Gase gleich. Alle Zahlen, die mit 1 multipliziert oder durch 1 dividiert werden, ergeben dieselben Zahlen.

Weil der Sensor auf Druck reagiert, muss beim Analysieren von Nitrox behutsam vorgegangen werden. Wird zuviel Druck auf den Sensor gegeben, kann das Ergebnis falsch oder irreführend hoch sein. Um zu verhindern, dass zu hoher Druck das Ergebnis verfälscht, sollte ein Flowmeter eingesetzt werden. Mit diesem kann die Menge des vorbeiströmenden Gases kontrolliert werden. Der Sensor reagiert auf einen Gasfluss zwischen 0.3 und 5 l/min. Die meisten Taucher stellen eine Menge von 1 – 2 l/min. ein. Wird ein Flowmeter verwendet, wird diese am Inflator oder am Atemregler angeschlossen.

Bevor ein Tank analysiert werden kann, muss das Sauerstoff-Messgerät kalibriert werden. Dies geschieht mit normaler Atemluft auf die jeweils gleiche Weise wie Nitrox analysiert wird. Im Luftfluss wird überprüft, ob die Anzeige 20.9 oder 21.0 anzeigt, je nach dem, was der Hersteller angibt. Auch die Angabe 20.8 oder 21.1 ist noch kein Grund zur Beunruhigung, weil die meisten Geräte nur auf +/- 1% akkurat anzeigen; deshalb kann auf exakte Dezimalstellen verzichtet werden. Zwischen mehreren zu analysierenden Tanks muss nicht neu kalibriert werden, es sei denn, ein Einstellrad wurde bewegt. Das Gerät sollte jedoch vor jedem Gebrauch überprüft werden. Nach dem Analysieren von Nitrox kann es nötig sein, 2 – 3 Minuten zu warten, bis sich der Wert 21% stabilisiert hat. Der Sensor sollte nicht in der Hand gehalten werden, denn Wärme kann leichte Veränderungen der Kalibrierung bewirken.

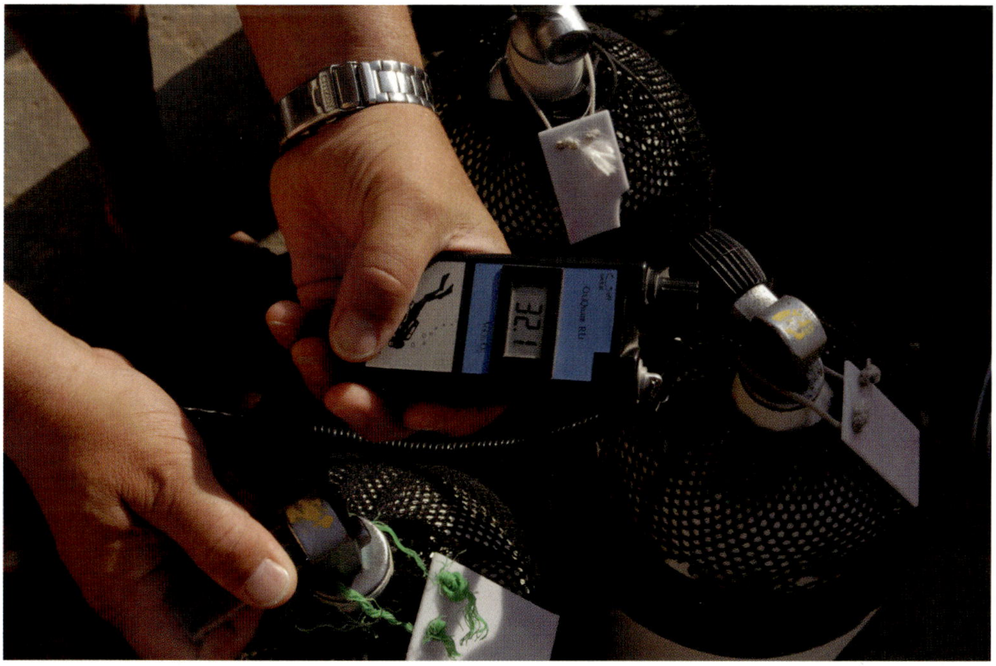

Jede Flasche die eingesetzt wird muss im Vorfeld vom Taucher analysiert und gekennzeichnet werden.

Der Gasfluß muß nicht länger als 30 Sekunden dauern, oder solange bis sich die Angabe stabilisiert. Verändern sich kleine Dezimalwerte, macht das nichts aus, solange dazwischen bis 3 gezählt werden kann. Damit bewegt sich das Gerät innerhalb der Toleranz von 1%. Wird ein Flowmeter mit einem angeschlossenen Atemregler benutzt, muss soviel Nitrox fließen, bis die Restluft aus der Ersten Stufe und den Schläuchen entwichen ist. Für Nitrox - Gemische höher als EAN60 wird empfohlen, das Gerät auf 100% Sauerstoff zu kalibrieren, weil dies dem Zielwert näher liegt. Auf jeden Fall ist den Herstellerhinweisen Folge zu leisten.

Nachdem das Gemisch analysiert ist, wird die Flasche mit dem entsprechenden Wert und dessen MOD markiert. Professionelle Füllstationen führen ein Füllbuch, in dem die Daten der Füllung (Datum, Seriennummer des Tanks, Fülldruck, Analyseergebnis) eingetragen werden. Der Taucher bestätigt die Einträge mit seiner Unterschrift und übernimmt hierdurch auch die Verantwortung für die Füllung.

6.03 Herstellung von Nitrox

Die Kursstandards von Advanced Nitrox / Deko Pro sehen vor, dass ein Schüler bei der Herstellung eines Gemisches anwesend ist. Dies qualifiziert ihn allerdings noch nicht zum Mischen von Gasen. Wer Gase selber herstellen möchte, sollte an den TDI Kursen Gas Blender oder Advanced Gas Blender teilnehmen.

Es gibt drei gängige Methoden, Nitroxgemische herzustellen:

- Partialdruckverfahren
- Separierung durch eine Membran
- Konstantflussverfahren

Das Partialdruckverfahren war lange Zeit die gängigste Praxis. Inzwischen schließen die beiden anderen Methoden in der Praxis auf. Bei der Partialdruckmethode lässt man Sauerstoff aus einer Speicherflasche in die Tauchflasche überströmen. Dies sollte unbedingt unter Beachtung der maximalen Fließgeschwindigkeit geschehen (maximal 70 Liter die Minute). In bar bedeutet dies: 70 Liter geteilt durch die Flaschengröße = bar pro Min. Bei einer Doppel 12 darf der Druck pro Min. nur 2.9 bar zunehmen (70/24 = 2.91).
In der Regel wird die benötigte Sauerstoffmenge mit Hilfe von so genannten Füllprogrammen berechnet. Diese Programme gibt es häufig als Freeware, sie können also kostenlos im Internet herunter geladen werden.

Die Separierung durch eine Membran wird zunehmend populärer, insbesondere wenn viele Flaschen gleichzeitig gemischt werden sollen. Allerdings ist diese Technik ohne spezielle Ausrüstung nur bis EAN40 zulässig. Dafür braucht man keine externe Quelle des Sauerstoffs, denn die Membran separiert aus der Atemluft einen spezifischen Anteil Stickstoff, wodurch ein entsprechendes EAN-Gemisch entsteht. Dieser Wert ist vom Bediener des Gerätes einzustellen. Er kann den zu entfernenden Anteil Stickstoff einstellen. Das Atemgas wird anschließend in große Speicherflaschen geleitet oder fließt direkt in den Tank des Tauchers. Danach wird der Tank analysiert und die Angaben werden ins Logbuch eingetragen.

Konstantflussverfahren bedeutet, dass Sauerstoff aus einer externen Quelle in den Ansaugtrakt für die Atemluft geleitet wird, und beide Gase komprimiert werden. Weil Kompressoren mit Öl arbeiten, ist die Konzentration von Sauerstoff auch bei dieser Methode auf EAN40 beschränkt, es sei denn, es wird eine spezielle Ausrüstung verwendet.

Egal welche Methode zur Herstellung von Nitrox verwendet wird, jede ist etwas Besonderes und erfordert deshalb eine entsprechende Ausbildung, bevor sichere Gemische erzielt werden. Jeder Nitrox-Tank muss analysiert und entsprechend markiert werden, um ihn sicher zu benutzen.

Constant Flow Anlagen haben in den letzten Jahren an Popularität gewonnen, sind aber nicht für das Füllen von reinem Sauerstoff geeignet.

Trimm

von
Frank Olbert

Fotograph: Peter Gärtner, Team Cavebase.

Kapitel 7

Warum will ich und vor allem wie getrimmt sein?
Die anzustrebende Wasserlage im Technischen Tauchen ist die Horizontale.
Wenn die Ausrüstung gut konfiguriert ist und streamline am Körper anliegt, bietet der Taucher eine geringe Angriffsfläche für Strömung, die ihn von seinem eigentlichen Ziel abbringen kann.
Außerdem erleichtert diese Wasserlage jeden Flossenschlag. Auch Wettkampfschwimmer bemühen sich um eine horizontale Wasserlage. Diese Sportler sind bestrebt, mit wenig Wasserwiderstand ihr Ziel effizient zu erreichen. Mit einer Körperlage von 45° verliert der Sportler Zeit und der Taucher wirbelt viel Bodensediment auf. Abgesehen vom Umweltproblem führt das für den Taucher zum Sicht- und eventuell zum Orientierungsverlust. Wie dramatisch dieses Problem sein kann, stellt ein Taucher mit falscher Wasserlage sehr schnell und vor allem in einem deutschen Baggersee fest. Aufgewirbelte Sedimente schwimmen längere Zeit im Wasser und setzen sich oft erst nach Stunden wieder.

Eine gute Wasserlage bietet weniger Angriffsfläche für Strömung, wirbelt kein Sediment auf und verbessert die Dekompression.
Bild Andy Kutsch.

Durch eine adäquate Wasserlage wird auch die Dekompression deutlich verbessert. Das ist, auch wenn es sich nicht auf den ersten Blick erschließt, eine erwiesene Tatsache.
Manchmal sind es die kleinen Mosaiksteinchen, die ein Bild ergeben. Bei optimaler Wasserlage besteht kein Druckgefälle zwischen Kopf und Füssen, speziell wenn es um Körperregionen geht, die weniger gut durchblutet sind und der Abtransport von Inertgasen entsprechend langsamer von statten geht.

Das Streben nach Perfektion ist ein wichtiger Aspekt beim Technischen Tauchen

Aber nun zum Thema: Wie komme ich zu einer guten Trimmung?
Vor allem ist Körperspannung nötig. Wer es nicht schafft, ein Hohlkreuz zu machen und die Muskelspannung im schwerelosen Zustand zu halten, wird nicht die perfekte Wasserlage erreichen. Eine gezielte Wirbelsäulengymnastik fördert das Körpergefühl und es stellt sich eine Sensibilität für die richtige Wasserlage ein.

Eine Übung dazu: Lege Dich auf den Bauch. Kopf in den Nacken. Beine angewinkelt. (90° zwischen Ober- und Unterschenkel - 90° zwischen Unterschenkel und Fuß). Spanne deine Rückenmuskulatur an. Dein Oberkörper muss vom Boden abheben. Deine Knie dürfen den Boden nicht berühren. Kontaktpunkt ist lediglich dein Bauch bis zur Hüfte. Anfangs wirst du die Muskeln im Rücken und den Oberschenkeln spüren. Das wäre die richtige Haltung für einen perfekten Trimm. Ein Spiegel, Videoaufnahmen oder ein befreundeter Trainingspartner können gute Kontrolldienste leisten.

Die richtige Haltung für einen perfekten Trimm kann auch an Land geübt werden.
Foto: Lothar Krämer.

Danach müssen wir uns Gedanken über den Körperschwerpunkt und das Gewicht machen. Gewicht zieht aufgrund der Erdanziehung nach unten. Das heißt, ich kann mit einem Verschieben des Schwerpunktes, der sich aus Körperfläche, Körpergewicht und der Ausrüstung ergibt, meine Wasserlage nachhaltig beeinflussen. Entscheidend für einen guten Trimm ist die richtige Einstellung der Backplate und der Flaschen. Wird die Bebänderung zu locker eingestellt, liegt das komplette Gerät (Backplate, Flaschen, Blei, Automaten) zu tief. Man wird fußlastig, verliert die Balance und kommt nicht mehr an seine Ventile, da diese nun zu tief am Rücken positioniert sind.

Ist die Bebänderung zu stramm, ist es umgekehrt. Die Füße gehen hoch und der Taucher ist kopflastig. Viele bekämpfen die Kopflastigkeit mit Fußblei. Gefühlsmäßig ist dem Taucher klar, dass er seinen Schwerpunkt zu Gunsten seines Trimms ändern muss. Nur muss das nicht unbedingt mit Fußblei erfolgen. Das kann durch richtige Einstellung des Harness oder der Flaschenhöhe und/oder mit dem Gewicht schwerer Vollgummiflossen erreicht werden. Es muss von vornherein vermieden werden, dass in den Bereich der Unterschenkel unkalkulierbar viel Gas strömt und den Trimm beeinflusst. Dies wird zum Beispiel durch einen passenden Anzug, der an den Unterschenkeln eng geschnitten ist, erreicht. Der eigentliche Trimmschwerpunkt wird über die richtige Lage des Gerätes auf dem Rücken erzielt.
Die Einstellmöglichkeiten sind schier unerschöpflich. Nicht nur das Harness bietet sich an, die Höhe des Tauchgerätes zu verstellen und den Schwerpunkt zu beeinflussen, sondern auch die Schellen, die die Flaschen fixieren, bieten diese Möglichkeit. Durch Herab- oder Heraufsetzen der Schellen verändert sich der Schwerpunkt. All diese Varianten können entsprechend grosse Auswirkungen auf unsere Wasserlage haben.

Durch herab- bzw. heraufsetzten der Schellen verändert sich der Schwerpunkt.

Wenn die Trimm perfekt stimmt, kann es sein, dass wir die Ventile aufgrund mangelnder Gelenkigkeit nicht mehr erreichen. Dann sollten wir etwas für unsere Beweglichkeit tun und nicht wieder die Flaschenhöhe verändern.
Trimm sollte auch nicht durch zusätzliches Bleigewicht erreicht werden, sondern durch die zum Tauchen nötige Gewichtsmenge an der richtigen Stelle.
Mit extrem schweren Flaschen zu tauchen ist nicht ratsam. Das Gewicht ist unwiderruflich an einer Stelle festgelegt. Es kann auch sinnvoller sein, leichtere Flaschen zu wählen und das nötige Gewicht zum Tauchen durch variabel positionierbare Bleigewichte zu ersetzen. Empfehlenswert sind kleine Drop Weights am Gürtel, die die Wirbelsäule nicht zu

sehr belasten, aber die Trimm nachhaltig begünstigen (Die Philosophie des Balance Trick besagt, dass bei beschädigtem Jacket, der Taucher durch Abwurf seiner Drop Weights, allenfalls auch des Akkus der Hauptlampe, leicht positiv sein soll, um ohne Auftriebskörper an die Wasseroberfläche aufzusteigen).
Die Hauptgewichte werden in Form von V- oder P-Weights mitgeführt, welche entweder zwischen dem Doppelgerät oder der Mulde in der Plate fixiert werden. Der große Vorteil dieser Bleigewichte liegt an ihrer vertikalen Lage. Taucher sind in der Regel eher lang als breit. Daher ist es sinnvoller, das Blei über die Längsachse des Tauchers zu verteilen. Zusätzlich sorgen Hauptlampe mit Akkutank und Backup Lampen für Abtrieb.

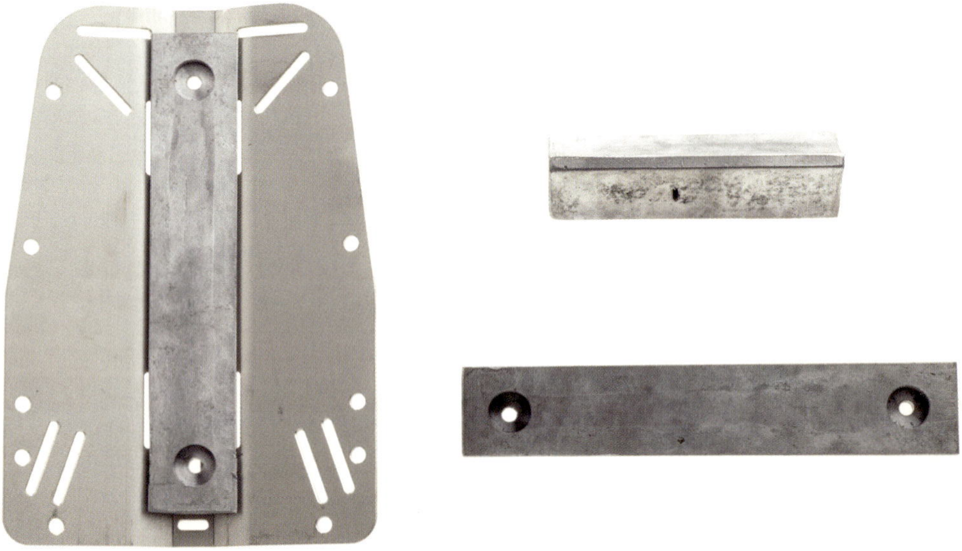

V- und P-Wheights gibt es in unterschiedlichen Formen und Größen. Sie sind variabel positionierbar, wodurch der Schwerpunkt verändert werden kann.

Deren Position ist aufgrund der Erreichbarkeit unter Wasser vorgegeben. Schon im Kapitel Equipment und Konfiguration wurde darauf hingewiesen, dass die Erreich- und Bedienbarkeit der Ausrüstung im Mittelpunkt aller Überlegungen steht. Alle Lampen müssen zum Gebrauch erreichbar sein und der Lampentank ist häufig ein fester Bestandteil der Ausrüstung, um die Longhose zu verwahren.

Interessant ist, dass 150 g mehr oder weniger Gewicht den Komfortlevel nachhaltig positiv wie negativ beeinflussen können.

Ein Freund von mir erreicht seine stabile Wasserlage durch die Verwendung kleiner Trimmbleie in den Seitentaschen seines Trockentauchanzuges. Andere Kollegen verzichten auf den Gebrauch einer zweiten Backup-Lampe, um entspannt gerade im Wasser liegen zu können. Sie tragen nur eine Backup-Lampe. Sie wird links befestigt, weil sich rechts der Akkutank der Hautlampe befindet.

Folgende Grafik verdeutlich wie ein Schwerpunkt gelagert sein kann:

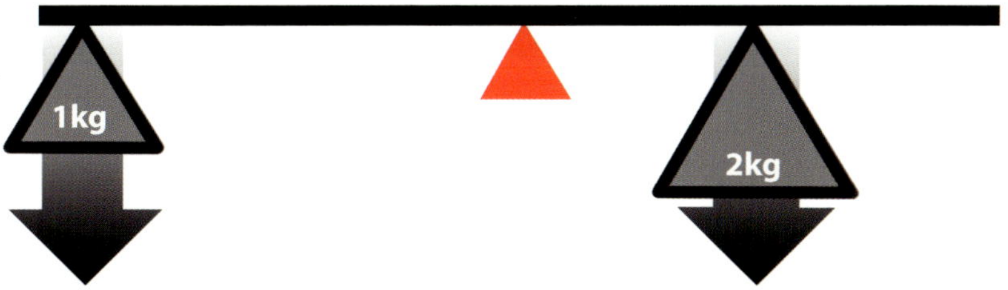

V- und P-Wheights gibt es in unterschiedlichen Formen und Größen. Sie sind variabel positionierbar, wodurch der Schwerpunkt verändert werden kann.

Nachstehende Beispiele zeigen wie die Wasserlage durch die Körperhaltung beeinflusst werden kann:

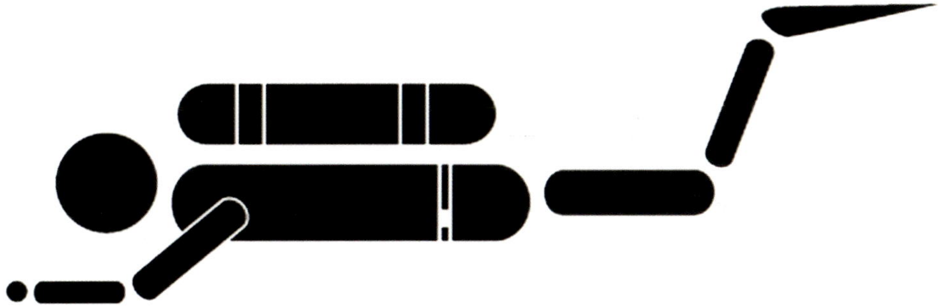

Die Wasserlage ist optimal.

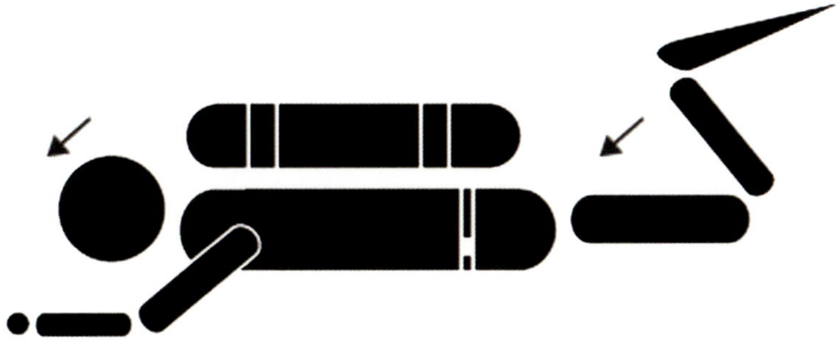

Der Schwerpunkt verlagert sich in Richtung Kopf (die Wasserlage wird kopflastig) wenn die Fersen zum Po gezogen werden.

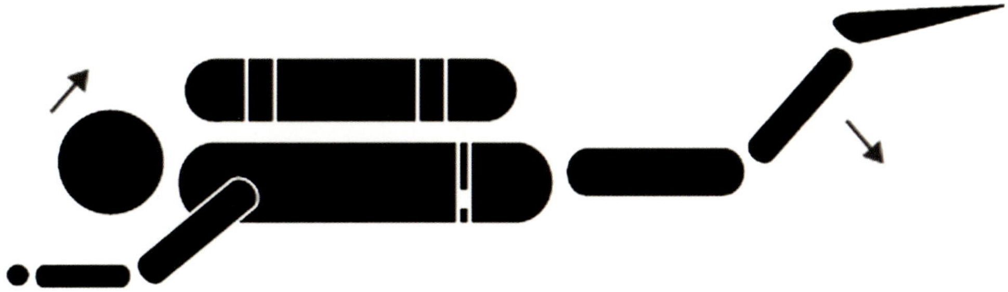

Der Schwerpunk verlagert sich in Richtung Füße. Der Taucher richtet sich auf, wenn die Beine weniger angewinkelt werden.

Bei gutem Trimm kann die Wasserlage durch Anwinkeln und Ausstrecken der Beine bewusst geändert werden. Beispielsweise bei Aktionen mit Bewegung oder Veränderung der Fläche, wie Ventilmanagement-Übungen oder Stagehandling. Vor allem, wenn beide Arme in eine Tätigkeit mit einbezogen sind (setzen einer Boje).

Der für den Kälteschutz verantwortliche Trockentauchanzug und Unterzieher sorgen für eine eigene Gesetzmäßigkeit. Die Stärke und Art des Materials von Unterzieher und Tauchanzug ist mitverantwortlich für den Auftrieb, der überwunden werden muss.
Höhlentaucher benutzen z.B. gerne ‚Gator Wraps' (nennen wir es im Deutschen einmal Wadenwickel mit Klettverschluss), um übermäßige Volumenzunahme im Beinbereich zu vermeiden und den Taucher nicht in kopflastige Positionen zu zwingen. Es gibt Anzüge, die im Bereich der Unterschenkel einen engeren Schnitt haben, um unnötig große Gasansammlung zu verhindern. Je großzügiger der Schnitt der Tauchanzuges und des Unterziehers ist, desto größer ist die Beweglichkeit des Tauchers. Andererseits erhöht sich das Problem, den Anzug schnell zu be- bzw. entlüften. Das Gesamtvolumen des Tauchers vergrößert sich, der Einfluss auf den Schwerpunkt nimmt zu.

Fest steht – es gibt keine mathematische Formel für die Berechnung des perfekten Trimms. Der perfekte Trimm wird durch individuell zu sammelnde Erfahrungswerte erreicht. Um eine gute Wasserlage zu erzielen und die Gewichtskraft, die nötig für den Abtrieb ist, zu ermitteln und mit fast leeren Flaschen auf einer Tiefe von 3 m austariert zu sein, gilt es, den Abtrieb der Flaschen in gefülltem und leerem Zustand herauszufinden und mit voller Ausrüstung sich Zeit zu nehmen, um den Körperschwerpunkt zu bestimmen. Daraus ergibt sich dann auch die Größe des Wings, welches in der richtig gewählten Größe ein müheloses Entlüften garantiert.

Der perfekte Trimm wird nur durch individuell gesammelte Erfahrungswerte erreicht.

Verschieden schwere Doppelgeräte benötigen unterschiedlich große Auftriebskörper. Wenn individuelle Ausrüstungsfaktoren außer Acht gelassen werden, kann vereinfachend gesagt werden, dass Doppel 7 und Doppel 8.5 gut mit einem ca. 20 Liter (ca. 40 lbs) und Doppel 12 mit einem ca. 25 Liter (ca. 60 lbs) Wing getaucht werden können. Bei optimaler Größe verteilt sich das Gas gleichmäßig und hält den Taucher stabil in der Horizontalen. ‚All in One' Lösungen gibt es nicht. Der Taucher muss entsprechend seines Tauchvorhabens ausgerüstet sein und kann nicht auf Universallösungen zurückgreifen.

Eine alternative bieten Wings mit Bungees, die das Wing, in Abhängigkeit von der Gasfüllmenge, immer in der optimalen Größe halten.

Wer den Komfort der Backplate / Wing Kombination auch auf Monogeräten nutzen möchte, sollte Monowings benutzen. Diese sind anders geschnitten, als Wings für Doppelgeräte und gewähren hierdurch eine optimale Performance.

Es ist sinnvoll, ins Schwimmbad zu gehen und die Geräte mit den Tauchanzügen und Unterziehern zu konfigurieren.

Zum Schluß noch eine Abtriebsrechnung für eine Doppel 12:
Werkstoffvolumen = Masse/Dichte.
Eine Doppel 12 wiegt 28.8kg plus Gas 2 x 3.6kg Masse = 36kg/7.85.
Werkstoffvolumen= 4.58 und Flaschenvolumen werden addiert.
Volumen der D12 = 24l.
Volumen gesamt = 28.58l.
Das Volumen der D12 verdrängt beim Eintauchen ins Wasser 285.8N.
Um diese Gewichtskraft wird die Gewichtskraft der Flasche verringert
360N – 285.5N = 74.5N.
Selbst nach vollständiger Abnahme des Atemgases ist dieses Flaschenpaket negativ
74.5N – 36N = 38.5N anders 3.85kg.
Zum Abtrieb selbst kommen jetzt noch Automaten, Flaschenschellen, Backplate, Akkus der Hauptlampe, Backup-Lampe und Flossen.
Werkstoffvolumen = Masse/Dichte.
D12 wiegt 28.8kg plus Gas 2 x 3.6kg Masse = 36kg/7.85.
Werkstoffvolumen= 4.58.
Volumen der D12 = 24l Volumen gesamt = 28.58l.
Das Volumen der D12 verdrängt beim Eintauchen ins Wasser 285.8N.
Um diese Gewichtskraft wird die Gewichtskraft der Flasche verringert
360N – 285.5N = 74.5N.
Selbst nach vollständiger Abnahme des Atemgases ist dieses Flaschenpaket negativ
74.5N – 36N = 38.5N anders 3.85kg.
Es gilt also, nur den Auftrieb von Unterzieher, Trocki und Jacket zu überwinden.

vedundanter Auftriebskörper ??

Übungen

Kapitel 8

In diesem Kapitel werden die verschiedenen Übungen des *Decompression Procedures* Kursus beschrieben. Das Ziel der Übungen ist es, Standard- und Gefahren-Situationen zu trainieren. Es wird der Bogen vom Setzen einer Boje bis zum Teilen des Dekompressionsgases gespannt. Für jede Übung wird zuerst die Verbindung zum realen Technischen Tauchen hergestellt und dann beschrieben, wie die Übung abläuft. Im TDI-Lehrvideo werden diese Übungen Schritt für Schritt demonstriert. Der Schüler kann sein Lernziel damit noch effizienter erreichen.

Es kann nicht häufig genug betont werden, dass ein guter Comfort Level beim Technischen Tauchen nur durch permanentes Training erreicht werden kann. Die Menge an Ausrüstung die eingesetzt wird, ist ein Stressfaktor der nicht wegdiskutiert werden kann. Nur wer bereit ist, permanent an seinen Tauchfertigkeiten zu arbeiten, wird in der Lage sein, Tauchgänge dieser Art genießen zu können. Es kann auch negativ ausgedrückt werden: wer nicht bereit ist, permanent zu trainieren, befindet sich im Notfall sehr schnell in einem Task Overload Bereich, der lebensbedrohliche Ausmaße annehmen kann.
Technisches Tauchen ist keine easy going Veranstaltung die nebenbei absolviert wird. Wer diesen Schritt gehen will, muss bereit sein, eine Menge an Strapazen auf sich zu nehmen. Sicher haben die Tauchkollegen auch ein paar lustige Sprüche parat, wenn man plötzlich mit einer D12 und zwei Stages in den zehn Meter tiefen Baggersee steigt. Aber all die Mühen und der ganze Stress werden mit unvergleichlichen Taucherlebnissen belohnt.
Der TDI Kurs Advanced Nitrox / Deco Pro ist eine Anleitung zum selber lernen. Im Kurs werden die Grundlagen geschaffen, die nachher im Eigentraining auf ein perfektes Niveau gebracht werden müssen.

Wer bereit ist seine Fertigkeiten immer weiter zu trainieren, wird mit unvergleichlichen Taucherlebnissen belohnt. Peter Gärtner, Team Cavebase.

8.01 Gas teilen

Das ‚Gas teilen' ist die Basis-Übung des Technischen Tauchens. Ein atmender Taucher ist ein glücklicher Taucher. Die Gasversorgung hat absolute Priorität. Falls alle Selbstrettungsmaßnahmen versagen, müssen wir auf den Gasvorrat des Partners zurückgreifen, die dieser entsprechend seiner Planung mitführt.

Übungsablauf

Zwei Taucher befinden sich einander zugewandt, horizontal und austariert im Wasser. Dies ist die Basis-Position für alle Übungen und wird mit der kompletten Standard Ausrüstung durchgeführt (auch im Schwimmbad). Natürlich wird in einer realen Notsituation der Handlungsablauf nicht immer Schritt für Schritt wie geübt ablaufen (extreme Stresssituationen wie zum Beispiel Gasverlust in einem Wrack, erschweren den Übungsablauf schon aufgrund der psychischen Belastung). Das Ziel jeder Übung ist es, die Basis-Handgriffe so gut wie möglich zu beherrschen, um Stress in schwierigen Situation zu minimieren. Nachfolgend wird der Taucher, der Gas benötigt , als Empfänger und der Taucher, der das Gas gibt, als Spender benannt.

a) Der Empfänger gibt das Zeichen ‚kein Gas'.

b) Der Spender reagiert sofort und gibt seinen primären Regler an den Empfänger. Hierbei achtet er darauf, dass der Automat mit der Hand am Schlauch übergeben wird, um das direkte Atmen des Empfängers zu ermöglichen. Würde der Spender den Regler mit der Hand umfassen, würde die Luftdusche verdeckt. Damit würde dem Empfänger das direkte Atmen erschwert. Er könnte nicht sofort das Wasser aus Regler und Mund pressen.

c) Erst nach der Übergabe des primären Automaten an den Empfänger nimmt der Spender seinen sekundären Automaten, den er mit einem Necklace um den Hals trägt.

d) Im nächsten Schritt legt der Spender die Longhose frei, indem er sie unter dem Lampentank bzw. Messer hervorholt.

e) Um den Empfänger zu beruhigen, zeigt der Spender ihm das Finimeter. So sieht der Empfänger, dass für beide Partner ausreichend Gas vorhanden ist.

f) Die Übung wird mit dem OK Zeichen beendet.

Im Realfall wird der Tauchgang abgebrochen und Spender und Empfänger positionieren sich in Share-Gas-Schwimmposition und tauchen zur Oberfläche oder zur ersten Dekompressionsstufe. Schritt e) übt auch den Umgang mit dem Finimeter am kurzen Schlauch. Das kann für einen Anfänger des Technischen Tauchens gewöhnungsbedürftig sein. In einer echten Notsituation sollte dies nur dann gemacht werden, wenn es wahrscheinlich ist, dass der Empfänger hierdurch ruhiger werden könnte.

8.02 Ventil schliessen (Valve Drill)

In dieser Übung wird das Schliessen der Ventile der Flaschen am Rücken trainiert. Das ist wichtig – denn nur wer diese Übung beherrscht, ist in der Lage, einen totalen Gasverlust, bei einem abblasenden Automaten, zu verhindern. Beim Technischen Tauchen werden gebrückte Doppelgeräte benutzt. Dadurch können die einzelnen Flaschen voneinander getrennt werden. Im Fall eines abblasenden Automaten kann also durch schnelle Reaktion ein Grossteil des Rückengases gesichert werden. Im schlimmsten Fall – z.B. bei der Beschädigung eines O-Rings oder einem nicht mehr bedienbaren Handrad – kann durch das Sperren der Brücke noch 50% des Rückengases gerettet werden.

Übungsablauf

Bei dieser Übung ist nur ein Taucher aktiv. Die beiden Partner befinden sich in der Basis-Position. Der passive Partner dient als Tiefenreferenz und Sicherheitsbackup, falls beim Übungsablauf etwas außer Kontrolle gerät.

a) Das rechte Ventil wird geschlossen. Übergang auf den sekundären Automaten, sobald der primäre Regler kein Gas mehr spendet. Dem Partner deutlich machen, dass kein Druck mehr auf dem primären Automaten ist und diesen am rechten oberen D-Ring befestigen.

b) Das rechte Ventil wird wieder geöffnet.

c) Der Isolator wird geschlossen.

d) Der Isolator wird geöffnet.

e) Der primäre Automat wird vom rechten D-Ring gelöst und mit ihm wird kontrolliert, ob das System unter Druck steht. Das linke Ventil wird geschlossen und auf den primären Automaten gewechselt, sobald der sekundäre kein Gas mehr spendet. Dem Partner zeigen, dass kein Druck auf dem sekundären Automaten ist.

f) Das linke Ventil wird wieder geöffnet und dem Partner gezeigt, dass Druck auf dem sekundären Automat ist.

g) Das Finimeter wird gelöst und dem Partner gezeigt.

h) Die Übung wird mit dem OK Zeichen beendet.

Wenn in der Praxis der Gasverlust, z.B. durch einen abströmenden Automaten, erkannt ist, wird nur das betroffene Ventil geschlossen. Beim abströmenden primären Automaten also das rechte Ventil. Dann stehen noch fast 100% des verbleibenden Gases über den sekundären Automaten zur Verfügung. Falls nicht deutlich ist, an welcher Stelle das Gas abströmt, wird sofort der Isolator geschlossen und nach der undichten Stelle gesucht. Wie in jedem anderen Ausrüstungsausfall wird der Tauchgang abgebrochen.

8.03 Wechsel auf Dekogas

Beim Technischen Tauchen birgt der Gaswechsel ein grosses Gefahrenpotential. Viele Unfälle sind auf die Verwechslung eines Gases zurückzuführen. Es gibt tragische Fälle, bei denen auf 21 Metern reiner Sauerstoff geatmet wurde. Durch eine deutliche und partnerorientierte Gaswechsel-Prozedur kann das Risiko einer solchen Verwechslung minimiert werden.

Übungsablauf

Beide Taucher befinden sich in der Basis-Position. Der Gaswechsel wird durch Zeichensprache kommuniziert und sequentiell durchgeführt – d.h.: erst wechselt ein Taucher, während der Partner als Tiefenreferenz dient und sicherstellt, dass das richtige Gas gewählt wurde. Dann werden die Rollen getauscht und der zweite Taucher führt den Gaswechsel durch. Auch in einer größeren Gruppe muss sichergestellt werden, dass der Gaswechsel im Zweierteam durchgeführt wird.

Der Übungsablauf wird so besprochen, als hätten wir 2 Stages, auch wenn beim Deko pro Kurs nur eine Stage zum Einsatz kommt. Auch beim Gebrauch von einer Stage werden beim Gaswechsel im Wasser alle nachstehenden Schritte durchlaufen.

a) Taucher 1 gibt auf Grund des Plans das Zeichen zum Gaswechsel.

b) Der Partner, Taucher 2, bestätigt den Gaswechsel nach Kontrolle des Plans (Tiefe und Zeit) mit einem OK Zeichen.

c) Taucher 1 selektiert die entsprechende Stage und zeigt seinem Partner die MOD Beschriftung.

d) Taucher 2 kontrolliert, ob die MOD mit der aktuellen Tiefe übereinstimmt und gibt das OK Zeichen.

e) Taucher 1 drückt die Luftdusche des Deko-Automaten leicht ein und kontrolliert am Finimeter der selektierten Flasche, dass er die korrekte Zweite Stufe gebraucht.

f) Taucher 1 öffnet Flasche, führt den Schlauch des Automaten hinter seinen Kopf und beginnt aus der Stage zu atmen.

g) Taucher 1 hängt den primären Automaten in den rechten D-Ring.

h) Taucher 1 gibt seinem Partner das OK Zeichen und signalisiert damit, dass er den Gaswechsel vollzogen hat.

i) Taucher 2 bestätigt mit einem OK und beginnt selbst mit dem Gaswechsel gemäss Punkt a) mit getauschten Rollen. Die Zeit für diese Dekostufe beginnt zu laufen, wenn das letzte Teammitglied beginnt sein Dekogas zu atmen.

PATRICK

Eine ungebrauchte Stage wird mit Druck auf der ersten Stufe und geschlossenem Ventil beim Tauchen mitgeführt. Der Druck auf der ersten Stufe sorgt dafür, dass kein Wasser in diese eindringt. Es ist sehr wichtig, dass alle Stages geschlossen sind bis auf die Stage, aus der geatmet wird. Dies stellt sicher, dass bei einer durch Fahrlässigkeit oder Panik entstandene Automatenverwechslung, nur 1-2 gefahrlose Atemzüge möglich sind. Auch kann aus einer geschlossenen Stage kein Gas unbemerkt entweichen.

8.04 Wechsel auf Rückengas

Der Wechsel von einer Stage auf das Rückengas kommt nur vor, wenn ein Travelgas oder eine Tiefenstage gebraucht wird. Die Übung kann auch mit einer Stage durchgeführt werden. Sie beinhaltet alle Elemente, die beim Wechseln von einer Stage auf eine andere nötig sind.

Übungsablauf

Zwei Taucher befinden sich in der Ausgangsposition von Übung 8.03.1, also beide in Basis- Position. Beide atmen aus einer Stage. Wie bei Übung 8.03.1 hält Taucher 2 die Tiefe und kontrolliert die Wechselprozedur.

a) Taucher 1 gibt entsprechend dem Plan das Zeichen zum Gaswechsel.

b) Sein Partner kontrolliert die geplante Tiefe und Zeit und bestätigt mit dem OK Zeichen.

c) Taucher 1 nimmt den primären Automaten vom rechten D-Ring und beginnt, aus diesem zu atmen.

d) Taucher 1 schließt die gerade noch gebrauchte Stage.

e) Taucher 1 klickt diese Stage am Bauchgurt los und verstaut den Deko-Automaten und hängt die Stage wieder ein.

f) Taucher 1 gibt das OK Zeichen.

g) Taucher 2 bestätigt das OK und beginnt selbst bei Punkt a) von Übung 8.04, um auf sein Rückengas zu wechseln.

Um den Umgang mit einer Stage zu üben, ist das Losklicken der Stage am Bauchgurt wichtig. In der Praxis kann der Automat auch an einer befestigen Stage verstaut werden.

8.05 Boje setzen

Das Setzen einer Boje wird häufig bei Dekompressions-Tauchgängen nötig. Die Boje erlaubt das mühelose Tarieren auf einer bestimmten Tiefe und ermöglicht es dem Oberflächenteam, den Taucher zu orten. Die Boje gibt dem Taucher die Möglichkeit, mit dem Oberflächenteam zu kommunizieren. Der Übungsablauf ist vom eingesetzten Bojentyp abhängig. Es gibt Bojen, die über einen nicht arretierenden Inflatoranschluss und solche, die über eine zweite Stufe gefüllt werden.

Übungsablauf

Beide Taucher befinden sich in der Basis-Position. Taucher 1 setzt die Boje, während Taucher 2 eine konstante Tiefe hält und, wenn nötig, assistiert.

a) Zeichen: Boje setzen.

b) Taucher 1 entnimmt die Spool aus der Trockitasche.

c) Taucher 1 entnimmt die Boje aus der Tasche oder zieht sie aus dem Storage Pack.

d) Taucher 1 befestigt die Spool an der Boje.

e) Taucher 1 befestigt Doppelender am D-Ring oder Bottom Timer.

f) Taucher 1 klickt den Trocki-Inflator los.

g) Taucher 1 versichert sich, dass über ihm das Wasser frei ist und die Boje gesetzt werden kann.

h) Taucher 1 bläst Boje so weit möglich auf.

i) Taucher 1 hält Spule und achtet darauf, sich nicht zu verhaken (z.B. Hand auf Spule).

j) Taucher 1 fixiert die Spule mit Doppelender.

k) Taucher 1 gibt Taucher 2 das OK Zeichen.

Der Ablauf mit einer Boje, die über eine zweite Stufe gefüllt wird, ist im Prinzip identisch mit der, die über den Trocki-Inflator gefüllt wird. Aufgrund der Long Hose am Primary Atemregler, bietet er beim Aufblasen der Boje ein Maximum an Flexibilität. Je nachdem, aus welcher Tiefe die Boje gesetzt wird, muss vorher vom Primary auf den Secondary Atemregler gewechselt werden. Die Boje kann über die Luftdusche der Zweiten Stufe gefüllt werden. Insbesondere im kalten Wasser muss die Luftdusche vorsichtig und stoßweise bedient werden. Ein starkes und permanentes Drücken kann zu einer Vereisung führen und das Setzen der Boje läuft sehr schnell unkontrolliert ab.

8.06 Flossentechnik

Eine gute Wasserlage und Flossentechnik sind das A und O des Technischen Tauchens. Eine gute Flossentechnik macht es möglich, sich unter Wasser so zu bewegen, dass kein Sediment aufgewirbelt wird. Das ist sowohl bei Wrack-Penetrationen als auch beim Höhlentauchen lebenswichtig. Im Gegensatz zum weit verbreiteten Kraul-Flossenschlag wenden wir beim Technischen Tauchen einen Flossenschlag an, der mehr dem Brustschlag oder der Beinbewegung eines schwimmenden Frosches ähnelt. Dieser Flossenschlag, im englischen ‚Frog Kick' genannt, drückt das Wasser zum größten Teil nach hinten und wirbelt so wenig Sediment auf.

Die Übung besteht aus dem ‚Frog Kick', dem Drehen auf der Stelle (Helikopter Turn), und dem Rückwärtsschwimmen. Es gibt Variationen des ‚Frog Kick', die im Kurs besprochen werden.

Übungsablauf

a) Horizontale Wasserlage, Oberschenkel in gerader Verlängerung zum Körper, Beine an den Knien nach oben abgewinkelt.

b) Langsam mit großem Brustbeinschlag (‚Frog Kick') ca. 10 Meter schwimmen.

c) Nach 10 Metern wird auf der Stelle mit der Helikopter-Flossen-Technik gedreht. Bei der Helikopter-Technik wird mit den Flossen abwechselnd, in der gleichen Haltung wie in a) zur Seite geschlagen, was zu einer Drehbewegung auf der Stelle führt.

d) Langsam mit großen ‚Frog Kicks' 10 Meter zurückschwimmen

e) Am Ende der Übung schwimmen wir noch ca. 1 Meter rückwärts. Das wird erreicht, wenn der ‚Frog Kick' umgekehrt angewendet wird – d.h. also, dass die Beine kräftig nach außen und vorne gebracht und hinten langsam zusammengezogen werden.

Dein TDI Tauchlehrer wird die einzelnen Schwimmtechniken demonstrieren und ausgiebig Zeit zum Üben einplanen.

Anhang

Tauchsport Center Blue Water
Norbert Dörenkamp
Annastraße 47
41334 Nettetal
Fon: +49 (0) 2153 9507227
n.doerenkamp@sdi-tdi.de
www.sdi-tdi.de

SF 1 Advanced Sports Diving
Markus Muno
Siemensstr. 10
41363 Jüchen
Fon +49 (0) 2164 9506969
info@sf-1.eu
www.sf-1.eu

Tauchservice Münster
Clara-Ratzka-Weg 22
48155 Münster
Fon: +49 (0) 251 6743237
Mobil: +49 (0) 163 6743235
mail@tauchservice.info
www.tauchservice.info

Joy Venture Diving
Stefan Hermes
Schulstr. 26
67578 Gimbsheim
Fon: +49 (0) 6249 804902
info@joy-venture-diving.de
www.joy-venture-diving.de

Phönix Scuba Diving
Markus Klinger
Goethestr. 61
68753 Waghäusel
Fon: +49 (0) 7254 956521
Mobil: +49 (0) 178 3527544
kontakt@phoenix-sd.de
www.phoenix-scuba-diving.de

Trimix Diver
Hölderlinstr. 7
72800 Enningen u.A.
Fon: +49 (0) 7121 2084789
Mobil: +49 (0) 176 83072165
mail@trimixdiver.de
www.trimixdiver.de

Tauchschule i4d Ansbach
Jennifer u. Thomas Hahn
Mozartstr. 34
91522 Ansbach
Fon: +49 (0) 981 88653
info@tauchschule-i4d.de
www.tauchschule-i4d.de

Schwimmschule Delfin
Technical Diving
Bleicherstr. 13
CH-4058 Basel
Fon: +41 (0) 61 6818866
info@technicaldiving.ch
www.technicaldiving.ch

Dive Zone
Flex Keller
Landstr. 92
CH-5436 Würenlos
Fon: +41 (0) 56 4241373
info@divezone.ch
www.divezone.ch

7oceans GmbH
Zugerstrasse 73
CH-8810 Horgen
Fon: +41 (0) 44 7252911
Mobile +41 (0) 78 6913569
helmut@7oceans.ch
www.7oceans.ch

Formeln

EAD-Formel

$$EAD = \frac{[(1 - FO2) \cdot (Tiefe + 10)] - 10}{0,79}$$

Bestes Gemisch (bei einem Sauerstoffdruck von 1,4 bar)

$$FO_2 = \frac{PO_2}{P}$$

oder

$$FO_2 = \frac{1,4}{[(Tiefe / 10) + 1]}$$

Umwandlung Tiefe in Druck (Tauchtiefe) und umgekehrt

Umrechnung von Tiefe in Meter

$$P = (Tiefe : 10) + 1$$

Umrechnung von Druck in Tiefe

$$Tiefe = (bar - 1) \times 10 \text{ Meter}$$

Druck eines Gases (Dosis)

Gasdruck = Anteil des Gases • absoluter Druck

$$Pg = Fg \times Pt$$

$$Pg = \frac{Fg \cdot [(Tiefe) + 1]}{10}$$

Maximal erlaubte Tiefe (MOD) für einen Sauerstoffdruck von 1.6 bar

$$MOD = Pt = \frac{Pg}{Fg}$$

$$MOD = \frac{[(1,6) - 1] \times 10}{FO_2}$$

Boyle's Gasgesetz

Druck x Volumen = konstant

$$PV = k \qquad P1 \cdot V1 = P2 \cdot V2$$

Charles' Gasgesetz und Ableitungen

$$\frac{P1}{T1} = \frac{P2}{T2} \qquad \frac{V1}{T1} = \frac{V2}{T2}$$

Dalton's Gasgesetz

$$P_{total} = Pg1 + Pg2 + Pg3 + \ldots Pg(n)$$

Ideales Gasgesetz

$$\frac{P1 \times V1}{T1} = \frac{P2 \times V2}{T2}$$

Annäherung der pulmonalen Sauerstoff-Toxizität

P = Druck, engl. pressure, meist in absoluten Werten

ata = absolute Atmosphäre(n)

V = Volumen

T = Temperatur, meistens absolut, also in K (Kelvin) oder R (Rankin)

t = Zeit, engl. time

F = Anteil, Fraktion, engl. fraction

D = Tiefe,

wie werden Wiederholungs TG's berechnet?

Atemgas	**Luft**																	
Tiefe		**45**			**45**			**45**			**45**			**45**			**45**	
Zeit		**15**	**15**		**20**	**20**		**25**	**25**		**30**	**30**		**35**	**35**		**40**	**40**
Stopptiefe																		
24														2	34		3	45
21					1	24		2	30		2	36		3	42		3	48
18		1	19		2	26		3	33		4	40		4	46		5	53
15		2	21		3	29		4	37		5	45		6	52		7	60
12		3	24		4	33		5	42		6	51		8	60		9	69
9		4	28		6	39		8	50		10	61		12	72		14	83
6		20	48		33	72		47	97		59	120		71	143		83	166
Tauchzeit			**54**			**78**			**103**			**126**			**149**			**172**
CNS %		7			10			13			15			18			20	
Atemgas	**Luft**																	
Dekogas	**50% Nitrox**																	
Tiefe		**45**			**45**			**45**			**45**			**45**			**45**	
Zeit		**15**	**15**		**20**	**20**		**25**	**25**		**30**	**30**		**35**	**35**		**40**	**40**
Stopptiefe																		
24														1	38		2	44
21	**Gaswechsel**				1	24		1	29		2	35		2	40		2	46
18		1	19		2	26		2	31		2	37		2	42		3	49
15		1	20		2	28		2	33		2	39		4	46		3	52
12		1	21		2	30		3	36		4	43		4	50		6	58
9		2	23		3	33		4	40		5	48		6	56		7	65
6		9	32		14	47		19	59		24	72		28	48		34	99
Tauchzeit			**38**			**51**			**65**			**78**			**54**			**105**
CNS %		11			16			21			26			30			35	
Atemgas	**Luft**																	
Dekogas	**50% 100%**																	
Tiefe		**45**			**45**			**45**			**45**			**45**			**45**	
Zeit		**15**	**15**		**20**	**20**		**25**	**25**		**30**	**30**		**35**	**35**		**40**	**40**
Stopptiefe																		
24																		
21	**Gaswechsel**										1	34		2	40		2	45
18		1	19		1	24		2	30		2	36		2	42		2	47
15		1	20		1	25		2	32		3	39		3	45		4	51
12		1	21		2	27		3	35		3	42		4	49		5	56
9		1	22		3	30		3	38		5	47		6	55		7	63
6	**Gaswechsel**	6	28		8	38		11	49		13	60		16	71		18	81
Tauchzeit			**34**			**44**			**55**			**66**			**77**			**87**
CNS %		20			27			36			43			53			60	

Atemgas	**Luft**																	
Tiefe		**40**			**40**			**40**			**40**			**40**			**40**	
Zeit		**15**	**15**		**20**	**20**		**25**	**25**		**30**	**30**		**35**	**35**		**40**	**40**
Stopptiefe																		
24																		
21														2	39		2	44
18					1	24		2	30		2	30		3	42		4	48
15		1	19		2	26		3	33		3	33		5	47		5	53
12		2	21		3	29		4	37		4	37		6	53		8	61
9		3	24		5	34		6	43		6	43		10	63		11	72
6		15	39		27	61		37	80		37	80		59	122		70	142
Tauchzeit =Routine			**45**			**67**			**86**			**86**			**128**			**148**
CNS %		6			8			10			12			14			16	

Atemgas	**Luft**																	
Dekogas	**50% Nitrox**																	
Tiefe		**40**			**40**			**40**			**40**			**40**			**40**	
Zeit		**15**	**15**		**20**	**20**		**25**	**25**		**30**	**30**		**35**	**35**		**40**	**40**
Stopptiefe																		
24																		
21	**Gaswechsel**										5	35						
18								1	29		1	34		1	39		2	45
15					1	24		1	30		2	36		3	42		3	48
12					2	26		2	32		3	39		3	45		4	52
9		1	20		2	28		4	36		4	43		6	51		6	58
6		7	27		12	40		16	52		20	63		24	75		28	86
Tauchzeit			**33**			**46**			**58**			**69**			**81**			**92**
CNS %		8			13			17			20			24			28	

Atemgas	**Luft**																	
Dekogas	**50% 100%**																	
Tiefe		**40**			**40**			**40**			**40**			**40**			**40**	
Zeit		**15**	**15**		**20**	**20**		**25**	**25**		**30**	**30**		**35**	**35**		**40**	**40**
Stopptiefe																		
24																		
21	**Gaswechsel**										5	5						
18											1	34		1	34		3	46
15					1	24		3	31		3	37		3	37		5	51
12					3	27		3	34		5	42		5	42		7	58
9		2	21		3	30		6	40		7	49		7	49		10	68
6	**Gaswechsel**	5	26		8	38		10	50		13	62		13	62		18	86
Tauchzeit			**32**			**44**			**56**			**68**			**68**			**92**
CNS %		15			22			28			35			35			48	

SDI TDI

Atemgas	**Luft**																	
Tiefe		**35**			**35**			**35**			**35**			**35**			**35**	
Zeit		**20**	**20**		**25**	**25**		**30**	**30**		**35**	**35**		**40**	**40**		**45**	**45**
Stopptiefe																		
24																		
21																		
18								1	33		1	38		1	43		2	49
15					2	29		2	35		3	41		4	47		4	53
12		2	25		3	32		4	39		5	46		6	53		7	60
9		3	28		5	37		6	45		8	54		9	62		10	70
6		19	47		28	65		37	82		46	100		54	116		64	134
Tauchzeit			**53**			**71**			**88**			**106**			**122**			**140**
CNS %		6			8			10			11			13			14	
Atemgas	**Luft**																	
Dekogas	**50% Nitrox**																	
Tiefe		**35**			**35**			**35**			**35**			**35**			**35**	
Zeit		**20**	**20**		**25**	**25**		**30**	**30**		**35**	**35**		**40**	**40**		**45**	**45**
Stopptiefe																		
24																		
21	**Gaswechsel**																	
18																		
15								1	33		2	39		2	44		3	50
12					1	29		2	35		2	41		3	47		3	53
9		1	24		2	31		4	39		4	45		5	52		6	59
6		9	33		13	44		16	55		20	65		23	75		27	86
Tauchzeit			**39**			**50**			**61**			**71**			**81**			**92**
CNS %		9			12			16			18			21			24	
Atemgas	**Luft**																	
Dekogas	**50% 100%**																	
Tiefe		**35**			**35**			**35**			**35**			**35**			**35**	
Zeit		**20**	**20**		**25**	**25**		**30**	**30**		**35**	**35**		**40**	**40**		**45**	**45**
Stopptiefe																		
24																		
21	**Gaswechsel**																	
18																		
15											1	39		3	45		4	51
12					2	30		3	36		4	43		5	50		6	57
9		3	26		3	33		5	41		6	49		8	58		9	66
6	**Gaswechsel**	6	32		8	41		10	51		12	61		15	73		17	83
Tauchzeit			**38**			**47**			**57**			**67**			**79**			**89**
CNS %		17			22			27			35			39			45	

SDI TDI

Stichwortverzeichnis

User
Open Water Diver
↓
Advanced Diver
↓
Rescue Diver
↓
Master Diver Program

Professional
Divemaster
↓
Assistant Instructor
↓
Instructor
↓
Instructor Trainer

SDI

Specialty Diver Courses

Advanced Adventure
Advanced Buoyancy
Altitude Diver
Boat Diver
Computer Diver
Computer Nitrox Diver
CPROX Administrator
CPR1st Administrator
Deep Diver (130ft Max)
Diver Propulsion Vehicle
Drift Diver
Dry Suit Diver
Equipment Specialist
Ice Diver
Marine Ecosystems
Awareness
Night/Limited Visibility Diver
Research Diver
Search & Recovery Diver
Shore/Beach Diver
Solo
Underwater Hunter & Collector
Underwater Navigation
Underwater Photographie
Underwater Video
VIP
Wreck Diver

Open Circuit
Nitrox
↓
Advanced Nitrox
↓
Deco Pro
↓
Trimix
↓
Advanced Trimix

Overhead
Cavern Diver
↓
Intro Cave Diver
↓
Full Cave Diver

Advanced Wreck Diver

TDI

Rebreather
SCR (Dolphin, Ray, Submatix ST100, Azimuth)
Inspiration / Evolution Air Diluent CCR
Inspiration / Evolution Mixed Gas Diluent CCR
Inspiration / Evolution Advanced Mixed Gas Diluent CCR
KISS Air Diluent CCR
KISS Mixed Gas Diluent CCR

More
Nitrox Gas Blender
Advanced Gas Blender
O2 Technician

TDI Divemaster
TDI Instructor

Mehr Ausbildungsliteratur von SDI TDI!

SDI Open Water Manual
Tauchen lernen - aber richtig
166 Seiten, ca. 90 farbige Abbildungen
ISBN 3-275-01580-X

SDI Solo Diving
Alleine aber sicher Tauchen
156 Seiten, ca. 90 farbige Abbildungen
ISBN 3-275-01600-8

SDI Advanced Diver Manual
Ausbildung für fortgeschrittene Taucher
208 Seiten, ca. 90 farbige Abbildungen
ISBN 3-275-01579-6

SDI

TDI Basic Nitrox
Nitroxgemische bis 40% für Sporttaucher
96 Seiten, ca. 90 farbige Abbildungen
ISBN 978-3-9811443-0-7

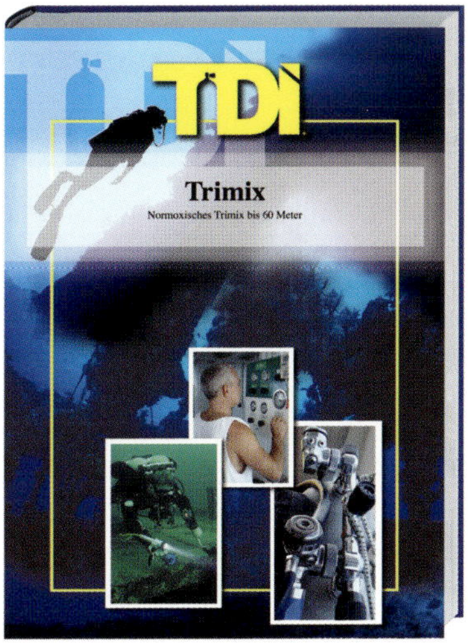

TDI Trimix
Normoxisches Trimox bis 60%
130 Seiten, ca. 90 farbige Abbildungen
ISBN 978-3-9811443-2-1

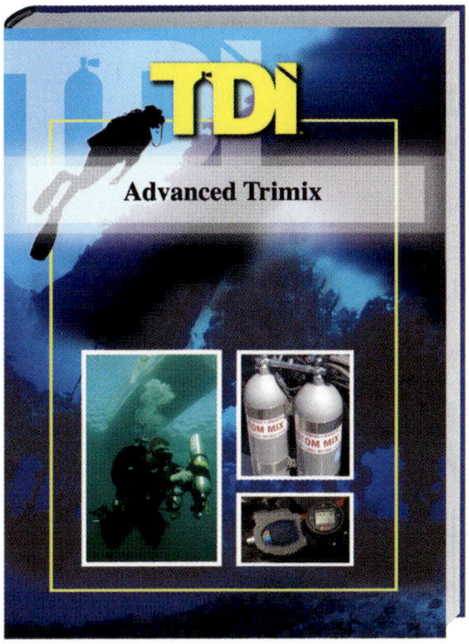

TDI Advanced Trimix
128 Seiten, ca. 90 farbige Abbildungen
ISBN 978-3-9811443-3-8

DIVE
DEEP
TECH
TDI